会社別就活ハンドブックシリーズ

2025

mixiの
就活ハンドブック

就職活動研究会 編
JOB HUNTING BOOK

は じ め に

　2021年春の採用から，1953年以来続いてきた，経団連（日本経済団体連合会）の加盟企業を中心にした「就活に関するさまざまな規定事項」の規定が，事実上廃止されました。それまで卒業・修了年度に入る直前の3月以降になり，面接などの選考は6月であったものが，学生と企業の双方が活動を本格化させる時期が大幅にはやまることになりました。この動きは2022年春そして2023年春へと続いております。

　また新型コロナウイルス感染者の増加を受け，新卒採用の活動に対してオンラインによる説明会や選考を導入した企業が急速に増加しました。採用環境が大きく変化したことにより，どのような場面でも対応できる柔軟性，また非接触による仕事の増加により，傾聴力というものが新たに求められるようになりました。

　『会社別就職ハンドブックシリーズ』は，いわゆる「就活生向け人気企業ランキング」を中心に，当社が独自にセレクトした上場している一流・優良企業の就活対策本です。面接で聞かれた質問にはじまり，業界の最新情報，さらには上場企業の株主向け公開情報である有価証券報告書の分析など，企業の多角的な判断・研究材料をふんだんに盛り込みました。加えて，地方の優良といわれている企業もラインナップしています。

　思い込みや憧れだけをもってやみくもに受けるのではなく，必要な情報を収集し，冷静に対象企業を分析し，エントリーシート作成やそれに続く面接試験に臨んでいただければと思います。本書が，その一助となれば幸いです。

　この本を手に取られた方が，志望企業の内定を得て，輝かしい社会人生活のスタートを切っていただけるよう，心より祈念いたします。

就職活動研究会

Contents

第1章

mixiの会社概況

会社によって選考方法は千差万別。面接で問われる内容や採用スケジュールもバラバラだ。採用試験ひとつとってみても，その会社の社風が表れていると言っていいだろう。ここでは募集要項や面接内容について過去の事例を収録している。

また，志望する会社を数字の面からも多角的に研究することを心がけたい。

✔ 企業理念

心もつなごう。

ただ「つながればいい」という効率的な機能の提供ではなく、歓喜や興奮、温かな思い、幸せ、居心地の良さの共有を通じて、その先に、もっと深くて濃く豊かな、心のつながりを生み出していく。それが「心もつなごう。」というタグラインへの思いです。

新しいMIXIは、人々をもっとワクワクさせ、世界中を笑顔で満たすために、エモーションとコミュニケーションで、「心もつなぐ」場と機会を創造し続けます。

■ PURPOSE

豊かなコミュニケーションを広げ、世界を幸せな驚きで包む。

私たちがすべての領域で創業以来大切にしてきたことであり、未来へ向かってさらに大切にしていく意思でもあります。

私たちはこれからも、コミュニケーションの量や頻度よりも、その質、すなわち、熱量の高いエモーションを大切にし、濃く深い、豊かなコミュニケーションをドライブすることで、感情豊かで 幸せな驚きに包まれた世界を生み出していきます。

■ MISSION

「心もつながる」場と機会の創造。

私たちがパーパスの実現のために大切にするのは、ただ「つながる」のではなく、「心もつながる」こと。

そのために、仲間や家族とつい話題にしてしまうような楽しくてワクワクする「コンテンツ」や、そこから生まれる感情を一緒に分かち合う「場と機会」を世界中に創り出していきます。

■ MIXI WAY

ユーザーサプライズファースト

ミッションで掲げた「創造」を実現するために、私たちは改めて「ユーザーの驚きを最優先に考える」というMIXIらしい言葉を掲げました。

ただのユーザーファーストでもなく、マーケティングファーストでも、自分たちファーストでもない。「そこに幸せな驚きはあるか？」という問いを、制作現場から経営判断までのすべての基準にしたい、という意志が込められています。

■ VALUES

発明 　想像を超えよう。本質を追求し、新しい視点で、大胆な発想を心がけよう。

夢中 　まずは自分たちが楽しもう。
　　　　主体的に物事を動かし、仲間を巻き込み、仕事を磨き抜こう。

誠実 　正直でいよう。どんな時も、ユーザーや仲間、自分に対して真摯に向き合おう。

✔ 会社データ

所在地	〒150-6136 東京都渋谷区渋谷2-24-12 渋谷スクランブルスクエア36F
代表者	代表取締役社長 上級執行役員 CEO　木村 弘毅
設立	1999年6月3日
資本金	9,698百万円(2023年3月末現在)
従業員数	1,556名(連結・正社員のみ) ※2023年3月末現在
事業内容	・スポーツ ・ライフスタイル ・デジタルエンターテインメント ・投資

✔ 事業内容

デジタルエンターテインメント

世界累計利用者数 5,900 万人を突破した「モンスターストライク」や共闘こ
とば RPG「コトダマン」などのサービスを展開しています。これらはコミュ
ニケーションツールとして、親しい友人達と一緒に遊べるスマホアプリとなっ
ているのが特長です。また、アプリの枠に留まらず、マーチャンダイジングや
リアルイベントをはじめ、動画・アニメの配信、そして他社 IP や異業種との
コラボレーションなど、多岐にわたるメディアミックスを展開しています。

スポーツ

スポーツをエンターテイメントと捉え、「観戦事業」「公営競技事業」それぞれ
の事業を運営しています。特に、公営競技は市場が大きく、かつ、成長率も高
い魅力的な市場です。そこにテクノロジーを投入し、新たなエンタメとしてリ
ノベーションしていきます。
共通しているのは、テクノロジーを駆使したスポーツを身近に体験できる環境
を整備し、チーム・選手・ユーザーのコミュニケーション機会の創出を目指し
ます。そして、簡単にスポーツに接触でき皆で熱く盛り上がれる世界を創出し
ていきます。

ライフスタイル

SNS「mixi」、写真・動画共有アプリ「家族アルバム みてね」、サロンスタッ
フ直接予約アプリ「minimo」、創業事業の求人情報サイト「Find Job!」、自
律型会話ロボット「Romi」などのサービスを展開しています。"世界中の人
たちが夢中になって使う、驚きと喜びのある、新しいコミュニケーションサー
ビスを創る"をミッションとして、様々なサービスを創出しています。

デザイン職（CG映像クリエイター）

募集職種	■CG映像クリエイター
求めるスキル	■必須 ・授業内・外で何かしらの映像を作り、公開した経験（YouTube、学内展、コンペへの応募など） ・AfterEffectsを用いた制作経験 ・3Dツールを用いた制作経験（Blender、Maya、Cinema4Dなど） ・制作物のコンセプトや意図を話せる方 ・映像を通して、事業や会社を盛り上げていきたい！という想いをお持ちの方 ■歓迎 ・企業でのアルバイトやインターンの制作経験 ・3Dモデル素材やグラフィック、イラスト素材などの自作経験 ・広告・プロモーション領域の映像制作に興味がある方
初任給	■月給30万円〜 スキル・経験によって決定します。特定分野において秀でた技術/経験を持つ方は別途評価いたします ■月給の内訳 基本給 228,520円（ライフプラン手当を含む） 職務給 71,480円 ※ライフプラン手当とは、確定拠出年金の拠出金等、社員の資産形成を目的に支給している手当です ※職務給とは、時間外労働の有無に関わらず固定で支給される40時間分の時間外手当です ※40時間の残業代込みの月給制となります。なお、残業時間が月40時間を超えた場合は別途残業代支給いたします
勤務地	本社（渋谷オフィス）
応募資格	2025年4月または2024年10月に入社が可能な方（学歴不問） ※既卒・第二新卒・日本国外からの留学生も可

デザイン職（サービス領域）

募集職種	■デザイン職（サービス領域のデザイナー）
求めるスキル	■必須 ・授業内・外で何かしらのデザインを作った経験（非公開アプリでも可） ・制作物に対して、デザイン面でのコンセプトや意図を話せる方 ・成長途中のサービスにコミットして、一緒にサービスを創り上げていこうという気持ちを持っていただける方 ■歓迎 ・企業でのアルバイトやインターンの制作経験
初任給	■月給30万円〜 スキル・経験によって決定します。特定分野において秀でた技術／経験を持つ方は別途評価いたします ■月給の内訳 基本給 228,520円（ライフプラン手当を含む） 職務給 71,480円 ※ライフプラン手当とは、確定拠出年金の拠出金等、社員の資産形成を目的に支給している手当です ※職務給とは、時間外労働の有無に関わらず固定で支給される40時間分の時間外手当です ※40時間の残業代込みの月給制となります。なお、残業時間が月40時間を超えた場合は別途残業代支給いたします
勤務地	本社（渋谷オフィス）
応募資格	2025年4月または2024年10月に入社が可能な方（学歴不問） ※既卒・第二新卒・日本国外からの留学生も可

ビジネスプランナー職

募集職種	■ビジネスプランナー職
	MIXIが提供する各プロダクトの、サービス開発の企画、体験設計、ディレクション、イベント企画、国内/海外マーケティング、メディアプランニング、パートナーアライアンス、ライセンスビジネス、自社サービス広告運用、ユーザーサポート、新規事業企画等、幅広い業務に携わっていただきます。
	■ビジネスプランナー職（グローバル採用）
	上記プランナー職の業務内容の中でも、MIXIの海外事業展開に関わるポジションです。
	※詳細は選考の中でお伝えいたします
	※応募資格が通常のビジネスプランナー職とは異なりますので、ご注意ください。
初任給	■月給30万円～
	スキル・経験によって決定します。特定分野において秀でた技術/経験を持つ方は別途評価いたします
	■月給の内訳
	基本給 228,520円（ライフプラン手当を含む）
	職務給 71,480円
	※ライフプラン手当とは、確定拠出年金の拠出金等、社員の資産形成を目的に支給している手当です
	※職務給とは、時間外労働の有無に関わらず固定で支給される40時間分の時間外手当です
	※40時間の残業代込みの月給制となります。なお、残業時間が月40時間を超えた場合は別途残業代支給いたします
勤務地	本社（渋谷オフィス）
応募資格	2025年4月または2024年10月に入社が可能な方（学歴不問）
	※既卒・第二新卒・日本国外からの留学生も可
	※ビジネスプランナー職（グローバル採用）は、英語と日本語がビジネスレベルで使える方のみが対象となります

エンジニア職

募集職種	■エンジニア職 MIXIが提供する各プロダクトの、Web・スマートフォンアプリのクライアント・サーバ・インフラ開発や、社内の業務支援ツール制作、開発環境の改善等に携わっていただきます。
初任給	■初年度給与 ・420万円〜700万円 スキル・経験によって個別で初年度給与が決定いたします。特定分野において秀でた技術/経験を持つ方は別途評価いたします。 入社前のアルバイトを通してスキルアップした場合は、入社後の初任給に反映されることもあります。 ■月給制（固定残業代40時間、ライフプラン手当を含む） 年収の内訳：月次支給 ＋ 年2回の賞与 ※ライフプラン手当とは、確定拠出年金の拠出金等、社員の資産形成を目的に支給している手当です。 ※40時間を超える時間外労働分、また深夜労働分、休日労働分についての割増賃金は追加で支給します。
勤務地	本社（渋谷オフィス）
応募資格	2025年4月または2024年10月に入社が可能な方（学歴不問） ※既卒・第二新卒・日本国外からの留学生も可

共通項目

| 福利厚生・制度 | 住宅
●住宅手当・住宅賃貸/分譲物件サポート●転居費用/転居時交通費補助食●社内カフェ(BYRON BAY COFFEE)●ドリンクバー●ランチ代サポート
生活
●企業型確定拠出年金／●ミクブレ（リフレッシュ休暇）●Appleギフトカード/Google Playカード購入補助●従業員持株会／●病児保育＆ベビーシッター補助制度●健康保険組合(ITS)によるベネフィット／●安全衛生・災害対策／●オフィスグッズ／●マッサージルーム |

✔ 採用の流れ （出典：東洋経済新報社「就職四季報」）

エントリーの時期	【総・技】10月～継続中
採用プロセス	【総】ES提出（10月～）→面接（2～5回, 12月～）→内々定（1月～） 【技】ES提出（4月～）→面接（2～5回, 5月～）→内々定（6月～）
採用実績数	
採用実績校	

採用実績数

	大卒男	大卒女	修士男	修士女
2022年	11 （文：4 理：7）	2 （文：2 理：0）	2 （文：0 理：2）	3 （文：2 理：1）
2023年	9 （文：5 理：4）	5 （文：5 理：0）	4 （文：2 理：2）	0 （文：0 理：0）
2024年	11 （文：10 理：1）	3 （文：3 理：0）	3 （文：0 理：3）	0 （文：0 理：0）

採用実績校

【文系】
（大学）早稲田大学, 国際基督教大学, 法政大学, 青山学院大学, 中京大学, 神戸大学, 立命館大学, 立命館アジア太平洋大学, 多摩美術大学, 東洋大学, 千葉工業大学, 獨協大学
（専門学校）日本工学院専門学校
【理系】
（大学院）東京都立大学, 豊橋技術科学大学, 電気通信大学
（大学）早稲田大学
（専門学校）HAL大阪

✔2023年の重要ニュース （出典：日本経済新聞）

■ MIXI、暗号資産関連で持ち分法損失48億円（2/10）

　MIXI（ミクシィ）は10日、持ち分法適用会社の暗号資産（仮想通貨）交換業者、ビットバンク（東京・品川）に関連し、持ち分法投資損失48億円を2022年4〜12月期に計上すると発表した。同社への投資に伴うのれん相当額の未償却残高のうち48億円を減損処理する。仮想通貨市場の低迷により同社が収益見通しを引き下げたため。

　22年4〜12月期の連結決算は、売上高が前年同期比25%増の1048億円、純利益が73%減の20億円だった。主力のスマホゲーム「モンスターストライク」は好調だったが、公営自転車競技「ピストシックス」からの撤退損失やビットバンク関連の減損処理が重荷となった。

　23年3月期通期は売上高で前期比16%増の1420億円、経常利益で6%減の165億円を見込む。従来予想から売上高で90億円、経常利益で10億円それぞれ増額した。モンスターストライクの好調などを反映させた。純利益は51%減の50億円と予想を据え置いた。

■ MIXI、位置情報アプリに20億円出資（4/17）

　MIXI（ミクシィ）は17日、位置情報アプリ「whoo（フー）」を手がけるスタートアップ、LinQ（東京・渋谷）に最大20億円を出資すると発表した。2024年3月末までに段階的に実施する方針。ミクシィが持つSNSやアプリ運営に関するノウハウを活用して事業支援を行うほか、将来的にはゲーム事業の強化につなげることも目指す。

　フーは22年12月にリリースしたアプリで、友人や家族と互いの現在位置を確認することができる。23年2月に終了した類似アプリ「zenly（ゼンリー）」のユーザーを取り込む形で急成長し、サービス開始から3カ月で1000万ダウンロードを突破した。

　ミクシィは19年3月期から22年3月期までの4年間で、M&A（合併・買収）やスタートアップへの投資などに総額約700億円を投じてきた。22年6月からは投資活動を正式に事業化し、ベンチャーキャピタルファンドへの出資なども続けている。

■デジタル名刺で MIXI と協業　スタジオプレーリー（9/26）

　デジタル名刺サービスを手掛けるスタジオプレーリー（東京・渋谷）はベンチャーキャピタル（VC）のインクルージョン・ジャパンや MIXI（ミクシィ）を引受先とする第三者割当増資を実施した。借り入れも含め調達額は 5000 万円程度のもよう。MIXI とはコラボレーション商品の開発など協業も検討する。

　同サービスは専用カードにスマホをかざすと、氏名や SNS アカウントといったプロフィルを交換できる仕組み。個人事業主や企業の営業担当者などが主な顧客だ。2 月のサービス開始から半年で、カードを用いたプロフィルの交換回数は 10 万回に達した。

■ MIXI「モンスト」10 周年　人気ゲームは盤石か（0/0）

　MIXI がスマートフォンゲーム「モンスターストライク（モンスト）」を 2013 年に公開してから 10 年が経過した。10 月時点の利用者数は累計 6100 万人を超え、祖業の SNS「mixi」に代わり収益の屋台骨を支える。見方を変えれば、長寿ゲームに頼る事業モデルで完結し、次の柱を見いだせずに過ぎた 10 年でもある。

　同一端末や同一アカウントを除いた累計ダウンロード数は 10 月時点で 6100 万超、累計売上高は 1 兆 3 千億円に上る。「ファミ通モバイルゲーム白書 2023」によると、22 年のモバイルゲームの国内年間売上高ランキングで 1 位だった。モンストの収益貢献は絶大だ。ゲームが通期で寄与するようになった 15 年 3 月期の連結業績は売上高が 1129 億円と前の期比の 9 倍、最終損益は 329 億円の黒字（前の期は 2 億円の赤字）となり、SNS の mixi の不振を補った。以来 23 年 3 月期までモンストが利益の大半を稼ぎ出す。

　収益化の柱は「ガチャ」と呼ぶ課金の仕組みだ。ユーザーはゲーム内で有料のくじを引き、確率に応じて希少なアイテムやキャラクターを手に入れることができる。様々なイベントで期間限定のアイテムが手に入るガチャを用意することでユーザーをつなぎ留め、さらに人気を高めていく好循環が出来上がっている。

　木村社長はガチャの進化にも自信をみせる。利用者の射幸心をあおるとの批判もあるが、「リアルの知人同士でプレーするモンストは、サブスクリプション（定期購読）や買い切りよりも従量課金のシステムと親和性が高い」と話す。

　ただ、モンストだけに依存する事業モデルは不安定でもある。ゲーム事業の売上高自体は 16 年 3 月期をピークに減少している。他の収益源を持つことが重要で、実際、MIXI はモンストが生み出すキャッシュを新規事業や M&A（合併・買収）に活用している。

✔ 就活生情報

人事が就活生の見方で，面接練習や面接のフィードバックが有難かった

ビジネス総合職 2019卒

エントリーシート
・形式：採用ホームページから記入
・内容：mixiでやりたいこと，ガクチカ

セミナー
・選考とは無関係
・服装：普段着
・内容：志望業界ややりたいこと

筆記試験
・形式：Webテスト
・科目：SPI（数学，算数／国語，漢字／性格テスト）

面接（個人・集団）
・雰囲気：普通
・回数：3回
・質問内容：ガクチカ，生い立ち，バイト経験，mixiで実現したいこと，10年後のキャリア，逆質問

内定
・拘束や指示：特になし
・通知方法：電話
・タイミング：予定通り

▶ その他受験者からのアドバイス
・何故ミクシィなのか，ミクシィを第一志望にしていることを伝えきれないと落ちると思われるので，理由付けを明確にしといた方がいい
・インターンシップは大事だと思う

人事の方がとても親切で，面接のたびにフィードバックをくれるので次の面接にいかすことができました

総合職 2019卒

エントリーシート

・形式：採用ホームページから記入
・内容：志望理由，最近気になっているサービス，今後どうしていきたいか等

セミナー

・選考とは無関係
・服装：普段着
・内容： 社員さんの講演会など

企業研究

・人事の方や社員さんとあって話をきく
・決算説明会の資料を読む
・業界の動向についてネットでリサーチをする

面接（個人・集団）

・雰囲気：和やか
・回数：4回
・質問内容：なんで他の会社ではなくミクシィなのか。学生時代に頑張ってきたことは何か。それを今後どういかせるか。キャリアビジョンについてなど

内定

・拘束や指示：特になし
・通知方法：電話
・タイミング：予定より早い

● その他受験者からのアドバイス

・働くのは自分なのだから自分が満足できる会社にいくべき
・人の価値観と自分の価値観が違うことをしっかりと認識することが大切

✔ 有価証券報告書の読み方

01 部分的に読み解くことからスタートしよう

　「有価証券報告書（以下，有報）」という名前を聞いたことがある人も少なくはないだろう。しかし，実際に中身を見たことがある人は決して多くはないのではないだろうか。有報とは上場企業が年に1度作成する，企業内容に関する開示資料のことをいう。開示項目には決算情報や事業内容について，従業員の状況等について記載されており，誰でも自由に見ることができる。

　一般的に有報は，証券会社や銀行の職員，または投資家などがこれを読み込み，その後の戦略を立てるのに活用しているイメージだろう。その認識は間違いではないが，だからといって就活に役に立たないというわけではない。就活を有利に進める上で，お得な情報がふんだんに含まれているのだ。ではどの部分が役に立つのか，実際に解説していく。

■有価証券報告書の開示内容

　では実際に，有報の開示内容を見てみよう。

有価証券報告書の開示内容
第一部【企業情報】
第1　【企業の概況】
第2　【事業の状況】
第3　【設備の状況】
第4　【提出会社の状況】
第5　【経理の状況】
第6　【提出会社の株式事務の概要】
第7　【提出会社の状参考情報】
第二部【提出会社の保証会社等の情報】
第1　【保証会社情報】
第2　【保証会社以外の会社の情報】
第3　【指数等の情報】

有報は記載項目が統一されているため，どの会社に関しても同じ内容で書かれている。このうち就活において必要な情報が記載されているのは，第一部の第1【企業の概況】〜第5【経理の状況】まで，それ以降は無視してしまってかまわない。

02 企業の概況の注目ポイント

　第1【企業の概況】には役立つ情報が満載。そんな中，最初に注目したいのは，冒頭に記載されている【主要な経営指標等の推移】の表だ。

回次		第25期	第26期	第27期	第28期	第29期
決算年月		平成24年3月	平成25年3月	平成26年3月	平成27年3月	平成28年3月
営業収益	（百万円）	2,532,173	2,671,822	2,702,916	2,756,165	2,867,199
経常利益	（百万円）	272,182	317,487	332,518	361,977	428,902
親会社株主に帰属する当期純利益	（百万円）	108,737	175,384	199,939	180,397	245,309
包括利益	（百万円）	109,304	197,739	214,632	229,292	217,419
純資産額	（百万円）	1,890,633	2,048,192	2,199,357	2,304,976	2,462,537
総資産額	（百万円）	7,060,409	7,223,204	7,428,303	7,605,690	7,789,762
1株当たり純資産額	（円）	4,738.51	5,135.76	5,529.40	5,818.19	6,232.40
1株当たり当期純利益	（円）	274.89	443.70	506.77	458.95	625.82
潜在株式調整後1株当たり当期純利益	（円）	—	—	—	—	—
自己資本比率	（％）	26.5	28.1	29.4	30.1	31.4
自己資本利益率	（％）	5.9	9.0	9.5	8.1	10.4
株価収益率	（倍）	19.0	17.4	15.0	21.0	15.5
営業活動によるキャッシュ・フロー	（百万円）	558,650	588,529	562,763	622,762	673,109
投資活動によるキャッシュ・フロー	（百万円）	△370,684	△465,951	△474,697	△476,844	△499,575
財務活動によるキャッシュ・フロー	（百万円）	△152,428	△101,151	△91,367	△86,636	△110,265
現金及び現金同等物の期末残高	（百万円）	167,525	189,262	186,057	245,170	307,809
従業員数 [ほか、臨時従業員数]	（人）	71,729 [27,746]	73,017 [27,312]	73,551 [27,736]	73,329 [27,313]	73,053 [26,147]

　見慣れない単語が続くが，そう難しく考える必要はない。特に注意してほしいのが，**営業収益**，**経常利益**の二つ。営業収益とはいわゆる**総売上額**のことであり，これが企業の本業を指す。その営業収益から営業費用（営業費（販売費＋一般管理費）＋売上原価）を差し引いたものが**営業利益**となる。会社の業種はなんであれ，モノを顧客に販売した合計値が営業収益であり，その営業収益から人件費や家賃，広告宣伝費などを差し引いたものが営業利益と覚えておこう。対して経常利益は営業利益から本業以外の損益を差し引いたもの。いわゆる金利による収益や不動産収入などがこれにあたり，本業以外でその会社がどの程度の力をもっているかをはかる絶好の指標となる。

■会社のアウトラインを知れる情報が続く。

　この主要な経営指標の推移の表につづいて、「会社の沿革」、「事業の内容」、「関係会社の状況」「従業員の状況」などが記載されている。自分が試験を受ける企業のことを，より深く知っておくにこしたことはない。会社がどのように発展してきたのか，主としている事業はどのようなものがあるのか，従業員数や平均年齢はどれくらいなのか，志望動機などを作成する際に役立ててほしい。

03 事業の状況の注目ポイント

　第2となる【事業の状況】において，最重要となるのは**業績等の概要**といえる。ここでは1年間における収益の増減の理由が文章で記載されている。「○○という商品が好調に推移したため，売上高は△△になりました」といった情報が，比較的易しい文章で書かれている。もちろん，損失が出た場合に関しても包み隠さず記載してあるので，その会社の1年間の動向を知るための格好の資料となる。

　また，業績については各事業ごとに細かく別れて記載してある。例えば鉄道会社ならば，①運輸業，②駅スペース活用事業，③ショッピング・オフィス事業，④その他といった具合だ。**どのサービス・商品がどの程度の売上を出したのか**，会社の持つ展望として，今後**どの事業をより活性化**していくつもりなのか，などを意識しながら読み進めるとよいだろう。

■「対処すべき課題」と「事業等のリスク」

　業績等の概要と同様に重要となるのが，「**対処すべき課題**」と「**事業等のリスク**」の2項目といえる。ここで読み解きたいのは，その会社の**今後の伸びしろ**について。いま，会社はどのような状況にあって，どのような課題を抱えているのか。また，その課題に対して取られている対策の具体的な内容などから経営方針などを読み解くことができる。リスクに関しては法改正や安全面，他の企業の参入状況など，会社にとって決してプラスとは言えない情報もつつみ隠さず記載してある。客観的にその会社を再評価する意味でも，ぜひ目を通していただきたい。

　次代を担う就活生にとって，ここの情報はアピールポイントとして組み立てやすい。「新事業の○○の発展に際して……」，「御社が抱える●●というリスクに対して……」などという発言を面接時にできれば，面接官の心証も変わってくるはずだ。

　最後に注目したいのが，第5【経理の状況】だ。ここでは，簡単にいえば【主要な経営指標等の推移】の表をより細分化した表が多く記載されている。ここの情報をすべて理解するのは，簿記の知識がないと難しい。しかし，そういった知識があまりなくても，読み解ける情報は数多くある。例えば**損益計算書**などがそれに当たる。

連結損益計算書

(単位：百万円)

	前連結会計年度 (自 平成26年4月1日 至 平成27年3月31日)	当連結会計年度 (自 平成27年4月1日 至 平成28年3月31日)
営業収益	2,756,165	2,867,199
営業費		
運輸業等営業費及び売上原価	1,806,181	1,841,025
販売費及び一般管理費	※1 522,462	※1 538,352
営業費合計	2,328,643	2,379,378
営業利益	427,521	487,821
営業外収益		
受取利息	152	214
受取配当金	3,602	3,703
物品売却益	1,438	998
受取保険金及び配当金	8,203	10,067
持分法による投資利益	3,134	2,565
雑収入	4,326	4,067
営業外収益合計	20,858	21,616
営業外費用		
支払利息	81,961	76,332
物品売却損	350	294
雑支出	4,090	3,908
営業外費用合計	86,403	80,535
経常利益	361,977	428,902
特別利益		
固定資産売却益	※4 1,211	※4 838
工事負担金等受入額	※5 59,205	※5 24,487
投資有価証券売却益	1,269	4,473
その他	5,016	6,921
特別利益合計	66,703	36,721
特別損失		
固定資産売却損	※6 2,088	※6 1,102
固定資産除却損	※7 3,957	※7 5,105
工事負担金等圧縮額	※8 54,253	※8 18,346
減損損失	※9 12,738	※9 12,297
耐震補強重点対策関連費用	8,906	10,288
災害損失引当金繰入額	1,306	25,085
その他	30,128	8,537
特別損失合計	113,379	80,763
税金等調整前当期純利益	315,300	384,860
法人税、住民税及び事業税	107,540	128,972
法人税等調整額	26,202	9,326
法人税等合計	133,742	138,298
当期純利益	181,558	246,561
非支配株主に帰属する当期純利益	1,160	1,251
親会社株主に帰属する当期純利益	180,397	245,309

　主要な経営指標等の推移で記載されていた**経常利益**の算出する上で必要な営業外収益などについて，詳細に記載されているので，一度目を通しておこう。
　いよいよ次ページからは実際の有報が記載されている。ここで得た情報をもとに有報を確実に読み解き，就職活動を有利に進めよう。

✔ 有価証券報告書

■ 企業の概況

1 主要な経営指標等の推移

（1） 連結経営指標等

回次		第20期	第21期	第22期	第23期	第24期
決算年月		2019年3月	2020年3月	2021年3月	2022年3月	2023年3月
売上高	（百万円）	144,032	112,171	119,319	122,030	146,867
経常利益	（百万円）	41,120	16,915	23,019	17,626	18,250
親会社株主に帰属する当期純利益	（百万円）	26,521	10,760	15,692	10,262	5,161
包括利益	（百万円）	27,208	10,393	16,364	9,727	6,050
純資産額	（百万円）	178,990	181,305	189,590	186,056	183,463
総資産額	（百万円）	192,955	202,814	226,356	218,056	222,321
1株当たり純資産額	（円）	2,368.05	2,390.52	2,497.55	2,524.13	2,480.51
1株当たり当期純利益金額	（円）	350.26	142.80	208.24	139.85	70.87
潜在株式調整後1株当たり当期純利益金額	（円）	349.10	141.68	205.72	137.78	70.08
自己資本比率	（％）	92.5	88.8	83.2	84.0	81.4
自己資本利益率	（％）	15.2	6.0	8.5	5.5	2.8
株価収益率	（倍）	7.3	11.0	13.3	15.8	33.5
営業活動によるキャッシュ・フロー	（百万円）	18,113	17,792	34,672	2,647	15,751
投資活動によるキャッシュ・フロー	（百万円）	△10,811	△30,683	△7,159	△17,436	△7,350
財務活動によるキャッシュ・フロー	（百万円）	△19,079	△6,085	△3,141	△16,627	△8,326
現金及び現金同等物の期末残高	（百万円）	144,417	125,427	149,812	118,433	118,703
従業員数	（人）	884	1,037	1,168	1,452	1,556
（外、平均臨時雇用者数）		(157)	(222)	(355)	(373)	(456)

（注） 1. 従業員数は各期の正社員の合計であります。

2. 第22期連結会計年度において，企業結合に係る暫定的な会計処理の確定を行っており，第21期連結会計年度の主要な連結経営指標等については，暫定的な会計処理の確定の内容を反映させております。

3. 「収益認識に関する会計基準」（企業会計基準第29号　2020年3月31日）等を第23期の期首から適用しており，第23期以降に係る主要な経営指標については，当該会計基準等を適用した後の指標等となっております。

4. 第24期連結会計年度の期首より，投資事業に関する投資有価証券，収益及び費用の計上区分の変

(point) 主要な経営指標等の推移

　　数年分の経営指標の推移がコンパクトにまとめられている。見るべき箇所は連結の売上，利益，株主資本比率の3つ。売上と利益は順調に右肩上がりに伸びているか，逆に利益で赤字が続いていたりしないかをチェックする。株主資本比率が高いとリーマンショックなど景気が悪化したときなどでも経営が傾かないという安心感がある。

更を行っており，第23期連結会計年度の主要な連結経営指標等については，遡及適用後の数値を記載しております。

（2）提出会社の経営指標等 ···

回次		第20期	第21期	第22期	第23期	第24期
決算年月		2019年3月	2020年3月	2021年3月	2022年3月	2023年3月
売上高	（百万円）	141,427	105,495	106,722	102,598	118,617
経常利益	（百万円）	43,219	18,307	22,648	16,827	25,579
当期純利益	（百万円）	26,319	11,189	16,297	8,299	7,476
資本金	（百万円）	9,698	9,698	9,698	9,698	9,698
発行済株式総数	（株）	78,230,850	78,230,850	78,230,850	78,230,850	78,230,850
純資産額	（百万円）	178,788	181,392	189,960	183,230	182,873
総資産額	（百万円）	190,213	192,908	210,035	200,470	206,171
1株当たり純資産額	（円）	2,365.40	2,394.46	2,503.22	2,504.69	2,490.59
1株当たり配当額	（円）	120.00	110.00	110.00	110.00	110.00
（1株当たり中間配当額）		(60.00)	(55.00)	(55.00)	(55.00)	(55.00)
1株当たり当期純利益金額	（円）	347.60	148.50	216.26	113.10	102.64
潜在株式調整後1株当たり当期純利益金額	（円）	346.45	147.33	213.65	111.43	101.50
自己資本比率	（%）	93.7	93.5	89.8	90.6	88.2
自己資本利益率	（%）	15.1	6.2	8.8	4.5	4.1
株価収益率	（倍）	7.4	10.6	12.8	19.5	23.1
配当性向	（%）	34.5	74.1	50.9	97.3	107.2
従業員数	（人）	844	881	974	1,122	1,163
（外，平均臨時雇用者数）		(82)	(83)	(86)	(93)	(76)
株主総利回り	（%）	68.1	45.8	79.1	67.5	82.0
（比較指標：配当込みTOPIX〈東証株価指数〉）	（%）	(95.0)	(85.9)	(122.1)	(124.6)	(131.8)
最高株価	（円）	3,930	2,579	3,220	2,938	2,796
最低株価	（円）	2,148	1,355	1,554	1,964	2,010

（注）1．従業員数は各期の正社員の合計であります。

2．最高・最低株価は，2020年6月22日以前は東京証券取引所マザーズ，2020年6月23日以降は東京証券取引所市場第一部におけるものであり，2022年4月4日以降は東京証券取引所プライム市場におけるものであります。

3．「収益認識に関する会計基準」（企業会計基準第29号　2020年3月31日）等を第23期の期首から適用しており，第23期以降に係る主要な経営指標については，当該会計基準等を適用した後の指標等となっております。

4．第24期の期首より，投資事業に関する投資有価証券，収益及び費用の計上区分の変更を行っており，第23期に係る主要な経営指標については，遡及適用後の数値を記載しております。

2 沿革

年月	沿革
1999年6月	・Web系求人情報サイト「Find Job !」の運営のため，東京都渋谷区神泉町に有限会社イー・マーキュリーを設立（出資金300万円）
2000年10月	・株式会社イー・マーキュリーへ組織変更（資本金1,000万円）
2004年2月	・インターネットメディア事業（現・ライフスタイル事業）としてソーシャル・ネットワーキングサービス（注）「mixi」の運営を開始
2006年2月	・株式会社ミクシィに商号変更
2006年9月	・東京証券取引所マザーズ市場に株式を上場
2011年4月	・インターネット求人広告事業「Find Job !」を分社化し，株式会社ミクシィ・リクルートメントを設立
2013年10月	・スマートデバイス向けゲーム「モンスターストライク」の提供を開始
2019年2月	・競輪車券（勝者投票券）のインターネット投票サービスを提供する株式会社チャリ・ロトの全株式を取得・子会社化
2019年6月	・フォトプリント事業を展開する株式会社スフィダンテの全株式を取得・子会社化
2019年10月	・B.LEAGUE所属のプロバスケットボールチーム「千葉ジェッツ」を運営する株式会社千葉ジェッツふなばしの株式を取得・子会社化
2019年11月	・競馬総合情報メディア「netkeiba.com」を運営する株式会社ネットドリーマーズの全株式を取得・子会社化
2020年6月	・東京証券取引所市場第一部へ市場変更
2022年4月	・東京証券取引所プライム市場に移行

（注）　ソーシャル・ネットワーキングサービス（以下「SNS」という。）とは，身近な友人・知人とのコミュニケーションや，共通の趣味嗜好に関する情報交換等を目的として利用されるWebサービスであります。

3 事業の内容

　当社グループ（当社及び当社の関係会社）は，当社（株式会社MIXI），連結子会社30社及び持分法適用関連会社6社により構成されております。

　当社グループの事業内容及び当社と主要な関係会社の当該事業に係る位置付けは，次のとおりであります。

（1）　デジタルエンターテインメント事業 ‥‥‥‥‥‥‥‥‥‥‥‥‥‥‥‥‥

　当事業では，スマートデバイス向けゲームを中心としたゲームの提供等を行っており，主にユーザーからの有料サービス利用料を収益源として事業展開してお

りります。

（2） スポーツ事業 ···

　当事業では，プロスポーツチーム経営や公営競技関連事業への投資を行っており，主に興行収入及び車券等販売委託料を収益源として事業展開しております。

（3） ライフスタイル事業 ···

　当事業では，インターネットを活用した人々の生活に密着したサービスの運営を行っており，ユーザーからの有料サービス利用料及び企業側からの広告料を収益源として事業展開しております。

（4） 投資事業 ···

　当事業では，スタートアップやベンチャーキャピタルへの出資を行っており，投資先企業からの配当等を収益源として事業展開しております。

　なお，当連結会計年度より報告セグメント区分を変更しております。詳細は，「第5　経理の状況　1　連結財務諸表等　（1）連結財務諸表　注記事項（セグメント情報等）」をご参照ください。

point　沿革

　どのように創業したかという経緯から現在までの会社の歴史を年表で知ることができる。過去に行った重要なM＆Aなどがいつ行われたのか，ブランド名はいつから使われているのか，いつ頃から海外進出を始めたのか，など確認することができて便利だ。

[事業系統図]

当社グループ

デジタルエンターテインメント事業

- 株式会社MIXI
  - スマートデバイス向けゲームを中心とした ゲームの提供
  - 関連グッズ等の販売

他2社

- サービス利用料
- 決済手数料の支払 → プラットフォーム企業(他)決済代行会社等
- 販売委託 → 販売会社
- 商品の購入
- グッズ等の購入

スポーツ事業

- 株式会社MIXI
  - 競輪予想・投票が可能なライブ動画アプリ 「TIPSTAR」の運営
- 株式会社チャリ・ロト
  - 公営競技(競輪・オートレース)の車券 及びくじのオンライン及び店舗販売
  - 競輪場の包括運営
- 株式会社ネットドリーマーズ
  - 競馬総合情報メディアの運営
  - スマートデバイス向けゲームの提供
- 株式会社千葉ジェッツふなばし
  - プロバスケットボールチームの運営
  - 関連グッズ等の販売
- 東京フットボールクラブ株式会社
  - プロサッカーチームの運営
  - 関連グッズ等の販売

他7社

- 会員及び課金収入
- 決済手数料の支払 → 決済代行会社等
- 業務委託料の支払
- 車券の購入
- 払戻金
- 車券の購入
- 払戻金
- 払戻金投票後の車券販売額 → 地方公共団体
- 業務委託料等の支払
- 広告収入 → 代理店
- 代理店手数料の支払 → 広告主
- 広告収入
- チケット・グッズ等の購入

ライフスタイル事業

- 株式会社MIXI
  - SNS「mixi」の運営
  - サロンスタッフ直接予約アプリ 「minimo」の運営
  - 家族向け写真・動画共有アプリ 「家族アルバム みてね」の運営
  - 新規事業開発

他7社

- 有料または無料サービスの利用
- 広告収入 → 広告主
- サービス利用料
- 決済手数料の支払 → プラットフォーム企業(他)決済代行会社等
- 代金回収手数料の支払

投資事業

- 株式会社MIXI
  - VCファンド出資
  - スタートアップ出資

他9社

- 配当等の受取
- 出資

全社

- 株式会社MIXI EMPOWERMENT
  - バックオフィスサポート業務

他3社

- 業務委託料の支払
- バックオフィスサポート等業務委託

ユーザー等

投資先企業

関係会社

※ プラットフォーム企業とは、「Google Play」を運営するGoogle Inc.や「App Store」を運営するApple Inc.等になります。

4 関係会社の状況

名称	住所	資本金又は出資金	主要な事業の内容	議決権の所有割合又は被所有割合(%)	関係内容
(連結子会社)					
株式会社チャリ・ロト（注）4	東京都品川区	110百万円	競輪の車券販売事業	100.0	従業員の出向事務所の賃貸借資金援助保証予約
株式会社ネットドリーマーズ	東京都渋谷区	110百万円	競馬総合サイトの運営事業	100.0	従業員の出向事務所の賃貸借
株式会社千葉ジェッツふなばし	千葉県船橋市	51百万円	プロスポーツチーム経営事業	100.0	従業員の出向資金援助
W ventures投資事業有限責任組合（注）1	東京都渋谷区	5,000百万円	投資関連事業	99.0	－
AAファンド投資事業有限責任組合（注）1	東京都港区	1,590百万円	投資関連事業	96.7	－
Tech Growth Capital有限責任事業組合（注）1	東京都中央区	1,805百万円	投資関連事業	99.7	－
MGB AUSTRALIA PTY LTD（注）1	オーストラリアビクトリア州	1,420百万円	豪州スポーツベッティング関連事業	100.0	保証予約
W ventures2号投資事業有限責任組合（注）1	東京都渋谷区	2,000百万円	投資関連事業	99.0	－
東京フットボールクラブ株式会社（注）1	東京都江東区	1,762百万円	プロスポーツチーム経営事業	51.3	従業員の出向
他21社					
(持分法適用関連会社)					
ビットバンク株式会社	東京都品川区	50百万円	暗号資産関連事業	27.6	役員の兼任
株式会社ハブ（注）2、3	東京都千代田区	100百万円	英国風PUB事業等	20.0 (20.0)	役員の兼任
株式会社デコルテ・ホールディングス（注）3	兵庫県芦屋市	155百万円	ウェディングフォトスタジオ事業等	30.1	－
他3社					

(注) 1. 特定子会社であります。

2. 議決権の所有割合の（ ）内は，当社の間接保有割合です。

3. 有価証券報告書の提出会社であります。

4. 株式会社チャリ・ロトについては，売上高（連結会社相互間の内部売上高を除く）の連結売上高に占める割合が10％を超えております。

主要な損益情報等　① 売上高　　　15,898百万円

② 経常利益　　 1,318百万円

③ 当期純利益　　 840百万円

④ 純資産額　　 4,251百万円

⑤ 総資産額　　21,738百万円

(point) **事業の内容**

　　会社の事業がどのようにセグメント分けされているか，そして各セグメントではどのようなビジネスを行っているかなどの説明がある。また最後に事業の系統図が載せてあり，本社，取引先，国内外子会社の製品・サービスや部品の流れが分かる。ただセグメントが多いコングロマリットをすぐに理解するのは簡単ではない。

5 従業員の状況

(1) 連結会社の状況 ·····································

セグメントの名称	従業員数(人)	
デジタルエンターテインメント事業	445	(15)
スポーツ事業	484	(343)
ライフスタイル事業	192	(23)
投資事業	3	(－)
全社（共通）	432	(75)
合計	1,556	(456)

(注) 1. 従業員数は就業人員であり，臨時雇用者数（パートタイマー，契約社員を含む）は，当連結会計年度の平均人員を（ ）外数で記載しております。

　　 2. 全社（共通）は主に管理部門及びセグメントに属さない連結子会社等の従業員数であります。

(2) 提出会社の状況 ·····································

2023年3月31日現在

従業員数(人)	平均年齢(歳)	平均勤続年数(年)	平均年間給与(千円)
1,163 (76)	36.1	4.8	7,387

セグメントの名称	従業員数(人)	
デジタルエンターテインメント事業	445	(15)
スポーツ事業	137	(3)
ライフスタイル事業	151	(7)
投資事業	3	(－)
全社（共通）	427	(51)
合計	1,163	(76)

(注) 1. 従業員数は就業人員であり，臨時雇用者数（パートタイマー，契約社員を含む）は，年間の平均人員を（ ）外数で記載しております。

　　 2. 平均年間給与は，賞与及び基準外賃金を含んでおります。

　　 3. 全社（共通）は主に管理部門及びセグメントに分けられない部門等の従業員数であります。

(3) 労働組合の状況 ·····································

　当社には労働組合はありませんが労使関係は良好であり，特記すべき事項はありません。

事業の状況

1　経営方針，経営環境及び対処すべき課題等

　文中の将来に関する事項は，当連結会計年度末現在において，当社グループが判断したものであります。

（1）　会社の経営の基本方針 ···

　当社グループは経営理念等を刷新し，『豊かなコミュニケーションを広げ，世界を幸せな驚きで包む。』をパーパスと定め，『「心もつながる」場と機会の創造。』をミッションに掲げております。

　各事業セグメントにおいて，SNS「mixi」や「モンスターストライク」で培ったコミュニケーションサービスのノウハウと，AIやブロックチェーンなどの最新のテクノロジーを活用し，サステナブルな収益基盤の構築を目指してまいります。

（2）　目標とする経営指標 ···

　より高い成長性と利益の創出を目指す観点から，経営指標においては売上高及びEBITDA（※）の向上を目指しております。

※　EBITDA＝営業利益＋減価償却費＋のれん償却額

（3）　経営環境及び対処すべき課題 ···

　国内のモバイルゲーム市場の成長率は逓減しておりますが，依然として巨大な市場規模を維持し，話題性の高い新規ゲームが時折市場を席巻するなど，引き続き魅力的な市場となっております。公営競技市場においては，インターネット経由の販売高の成長率が落ち着きつつありますが，市場としては引き続き現状規模を維持又は緩やかに拡大すると想定しております。また，子供関連市場は，国内で出生数の低下はある一方で，祖父母から孫への支出（6ポケット）の増加等により成長しております。加えて，海外におきましては，引き続き高いポテンシャルを保持しており，ビジネスチャンスのある市場と認識しております。

　このような環境下，当社グループではデジタルエンターテインメント事業の収益規模を維持拡大しつつ，スポーツ事業やライフスタイル事業において第二，第三の収益の柱となる事業を創出し，サステナブルな収益基盤を構築していくこと

ⓟₒᵢₙₜ　関係会社の状況

　　主に子会社のリストであり，事業内容や親会社との関係についての説明がされている。
　　特に製造業の場合などは子会社の数が多く，すべてを把握することは難しいが，重要
　　な役割を担っている子会社も多くある。有報の他の項目では一度も触れられていない
　　場合が多いので，気になる会社については個別に調べておくことが望ましい。

が，当社の課題と認識しております。

　デジタルエンターテインメント事業におきましては，引き続き「モンスターストライク」の企画，マーケティング，メディアミックス施策をより強化し，「モンスターストライク」のIPを活用した新規ゲームの開発など，ユーザーの利用拡大及び収益基盤の強化に取り組んでまいります。

　スポーツ事業におきましては，ソーシャルベッティングサービスとしてユニークなポジションを築きつつある「TIPSTAR」をブラッシュアップし，他社との差別化を図ってまいります。加えて，連結子会社であるチャリ・ロト，ネットドリーマーズ両社の事業成長や，各社サービスのより一層のシナジー創出を行うことで，さらなる成長を目指してまいります。

　ライフスタイル事業では，引き続き「家族アルバムみてね」の国内外における経済圏の拡大や，「minimo」の成長を目指してまいります。

2　サステナビリティに関する考え方及び取組

(1)　サステナビリティ全般に関するガバナンス，リスク管理，戦略及び指標と目標について ･･

①　ガバナンス

　サステナビリティ推進業務を担当する本部を管掌する上級執行役員をサステナビリティに関する取組の責任者（以下，サステナビリティ推進責任者）としています。サステナビリティ推進責任者の諮問機関であるサステナビリティ事務局において，サステナビリティに関する取組についての検討を行い，検討された結果は，サステナビリティ推進責任者を通して3か月に1回，取締役会に報告しています。サステナビリティ事務局は，サステナビリティに関連するリスクと機会の特定や評価，対応についての検討を行うにあたり，リスク管理委員会に適宜助言を求めるとともに，各事業本部及びグループ会社に必要に応じてヒアリングを行います。またサステナビリティに関連するリスクと機会，対応策の進捗状況について，毎年見直しを行います。

②　リスク管理

　サステナビリティ事務局は，サステナビリティに関連するリスクと機会につい

て，それぞれを発生可能性，影響度，対応策の有無などで評価し重要度を決定しています。特に気候関連問題の評価にあたっては，IEA，IPCC等の各種シナリオを参照し，必要に応じて関連する各事業本部及びグループ会社にヒアリングを行い，適宜見直しを実施しています。さらにリスクと機会に対する対応策を立案し，設定した指標により対応策の進捗を管理しています。

サステナビリティに関連するリスクについては，自社のその他のリスクと統合的に管理をするため，リスク管理委員会に適宜助言を求めます。また，リスクと機会のうち，重要度が高いものについては，サステナビリティ推進責任者を通して取締役会に報告しています。

③　戦略及び指標と目標

サステナビリティに関する取組のうち気候関連問題については，TCFD提言に基づいてシナリオ分析を実施し，リスクと機会の抽出，必要な対応の検討を行いました。その結果，当社グループの事業において気候変動に伴う重大なリスクは確認されませんでしたが，当社グループでは，気候関連問題をはじめとしたサステナビリティに関する事象が当社グループの事業に与える影響についてガバナンス，リスク管理の取組を通して把握，管理していくとともに，機会の獲得に取り組んでまいります。また，当社グループが排出する温室効果ガス（GHG）について Scope1-2 の排出量算定を行いました。今後は Scope3 の排出量算定に加え，各事業セグメントにおける省エネルギー化，再生可能エネルギー等の活用を通じた排出量削減に向けた取組についても検討してまいります。TCFD提言に基づく取組の詳細については当社ウェブサイト（https://mixi.co.jp/sustainability/issue/environment/tcfd/）をご参照ください。

（2）　人的資本に関する戦略及び指標と目標 ··

当社の企業理念は，以下の4点で構成されております。

パーパス：豊かなコミュニケーションを広げ，世界を幸せな驚きで包む。

ミッション：「心もつながる」場と機会の創造。

MIXIWAY（意思決定の軸）：ユーザーサプライズファースト

バリュー（行動指針）：発明　夢中　誠実

当社は，上記の企業理念に基づきコミュニケーションを軸とした事業を営んでおります。パーパスを実現するためには，事業を創出，また運営を行う当社の「人」こそを，最も重視すべき資本のひとつとして考えております。「人」の成長なくして当社のパーパスは実現し得ないことから，当社は，その実現に向け人的資本への積極的な投資を行うことを方針としております。

　この方針に基づき，①従業員エンゲージメント向上への取組，②社員一人ひとりの活躍と成長を促進する人材育成，③社員と組織の成長を促進する仕組みと制度，④多様性の確保，⑤働く環境整備，⑥コンプライアンス教育の徹底という，6つの取組を行っております。これらのうち，①・④の取組の一部については現時点での指標と目標を設定しておりますが，当社の戦略に紐づく適切な指標については，引き続き検討を続けてまいります。

① 従業員エンゲージメント向上への取組

　当社では，バリューに密接に紐づく「エンゲージメントスコア」を経営上の重要な指標として位置付け，全従業員を対象に年に1度の頻度でサーベイを実施しております。そのサーベイ結果を分析し，経営や各組織にフィードバックすることで，全社をあげてエンゲージメントの向上に取り組んでおります。サーベイ結果は全社へ周知・公開しております。

　当事業年度のスコア及びその分析は以下の通りです。

＜エンゲージメントスコア＞

　サーベイ内の設問のうち，「自発的な貢献意欲」，「自社に対する愛着・誇り」，「仕事を通じての達成感」に関する3つの設問の肯定的回答者の割合を総合した数値を「エンゲージメントスコア」としております。

　結果は以下の通りです。

　当事業年度エンゲージメントスコア：67％

＜当社の維持すべきポイント＞

　エンゲージメントに紐づく要素のうち，「整った業務環境の下，上司や同僚と良好な人間関係を築きながら裁量を持って働くことができている」という点において，当社従業員の80％以上が肯定的な回答をしており，今後も維持すべき点であると考えております。

＜今後の取組ポイント＞

　エンゲージメントに紐づく要素のうち，「経営陣の伝える姿勢（自社の将来に対する期待感の醸成や変革への適応サポート）」，「経営陣の聴く姿勢（従業員の意見の受け入れ）」，「キャリア展望の拡充と成長機会の継続的な提供」に関しては，特にエンゲージメントスコアとの相関が高いため，結果を踏まえ，向上，あるいは引き続き重きを置いて取り組むべきポイントであると考えております。

　・経営陣の伝える姿勢／聴く姿勢に関する取組

　　　経営上重要度の高い決定に関する従業員の理解度を高めるための発信，従業員の声を経営に反映する取組，職場においてより本音で意見を言い合える文化の醸成など，さらなる改善に取り組んでおります。

　・キャリア展望の拡充と成長機会の継続的な提供に関する取組

　　　近年の育成施策の強化によりスコアとしては必ずしも低いということではないものの，個々人の成長を促進するにあたっては重要度が高いと認識しているため，個人の成長と組織の成長がつながり，一人ひとりの社員がより活躍と成長を感じられる文化作りに引き続き取り組んでまいります。

＜2024年3月期の目標エンゲージメントスコア＞

　以下数値を目標エンゲージメントスコアとし，前項の取組を通じ，向上を図ってまいります。

　2024年3月期目標エンゲージメントスコア：70%

② **社員一人ひとりの活躍と成長を促進する人材育成**

　社員一人ひとりの活躍と成長を促進できるよう，以下に挙げる研修等の取組による人材育成の強化を行っております。なお，2024年3月期においては，従業員一人当たりの研修費用として年間41,000円を予算として計上しております。

　・本部長以上向けの研修・支援

　　　社内取締役及び本部長以上の従業員を対象に，経営戦略論，コーポレート・ガバナンス，リーダーシップ理論，マーケティング理論，ファイナンスなどの研修を実施しております。他，その重要性を全社に波及させることを狙いとしたチームビルディング研修の実施，また，個別課題に応じたコーチング

も導入しております。

・部室長向けの研修・支援

　　全部室長を対象に，リーダーシップ論，マーケティング論，ファイナンスなどの研修を実施しております。また，個別課題に応じたコーチングも導入しております。

・マネージャー向けの研修・支援

　　全マネージャーを対象に，着任時のマインドセットやオリエンテーションの他，評価者研修を実施しております。また，有志参加にて部下との1on1に必要なスキルの研修を実施しております（希望により，リーダー職である従業員も参加が可能）。また，個別課題に応じたコーチングも導入しております。

・新卒・若手向けの研修・支援

　　内定者を対象に，各自が自主的に目標設定を行いその達成を目指す研修や，1泊2日の合宿研修等を実施しております。また，新卒入社時の研修や配属後のOJTフォローにより，新しい環境においてスムーズに立ち上がるための支援をしております。OJTを担当することになるトレーナー社員に対してもトレーナーとしての研修を実施しその活動を支援しております。さらに，入社3年目まで年次ごとに研修を行い，自身の成長を振り返る機会を設けております。

・選択型研修

　　全社員を対象に，選択型研修として各自で課題設定した内容に対して研修を受けられるよう，外部と提携し学習機会を設定しております。

・育成会議

　　階層別，本部別の育成会議を実施し，各会議において定められた育成対象者について，いかにしてさらなる成長を実現していけるのかを議論しております。

　　階層別育成会議としては，現在，上級執行役員・執行役員・本部長を育成対象とした会議が開催されており，このうち執行役員・本部長を対象としたものは当社経営のサクセッションプランも内包しております（当社では，

---

point 従業員の状況

主力セグメントや，これまで会社を支えてきたセグメントの人数が多い傾向があるのは当然のことだろう。上場している大企業であれば平均年齢は40歳前後だ。また労働組合の状況にページが割かれている場合がある。その情報を載せている背景として，労働組合の力が強く，人数を削減しにくい企業体質だということを意味している。

取締役及び上級執行役員を「経営者」と位置づけております）。執行役員・本部長に対しては上級執行役員が，上級執行役員に対しては社内取締役が育成担当となり，個々のさらなる成長を促進しております。今後，部室長等，育成会議の範囲を拡大していく予定です。

　また本部別の育成会議は，各本部に所属するHRBP（人事ビジネスパートナー）が中心となって開催しております。育成対象は本部の組織・人材状況や課題により様々ですが，社員一人ひとりが活躍・成長できるよう，各種施策に取り組んでおります。

・360度フィードバック

　代表取締役社長から部室長までを対象とした360度フィードバックを年に1回実施しております。結果をそれぞれにフィードバックすることで，個々のさらなる成長のきっかけとなるよう取り組んでおります。これは育成施策の一環として実施するものであり，結果については評価とは結びつけないこととしております。

③　社員と組織の成長を促進する仕組みと制度

　研修の実施にとどまらず，社員がより一層「活躍と成長」を感じられるための環境づくりとして，制度や仕組みの整備を進めております。以下の内容は2019年以降，段階的に取り入れてきたものです。これらの取組を通じて，社員のキャリア充実と事業成長の両立を目指しております。

・人事制度の改定

　8年ほど継続して運用されていた人事制度を2022年4月に改定施行いたしました。一定の等級までを既存の制度同様に「能力等級制」とする一方で，上位等級は「役割等級制」とし果たすべき役割とその創出する成果によって昇降格及び昇降給を行うことといたしました。この改定により，活躍する可能性がある社員について，顕在化している「能力」だけではなく今後期待する「役割」に基づいた抜擢人事がより進めやすくなるなど，メリハリの利いた人事制度となりました。

(point) **業績等の概要**

この項目では今期の売上や営業利益などの業績がどうだったのか，収益が伸びたあるいは減少した理由は何か，そして伸ばすためにどんなことを行ったかということがセグメントごとに分かる。現在，会社がどのようなビジネスを行っているのか最も分かりやすい箇所だと言える。

・1 on 1

　　当社社員の90％以上が上司・部下や同僚との1on1を週次で実施しております。その内容は多岐にわたり，キャリアの相談から評価に関する中間面談，日々の業務相談やプライベートの話題まで，それぞれが状況に応じて1on1の機会を活用しており，1on1が文化として定着しております。

・事業部支援

　　当社は，人事関連施策について全社共通のルールを一律で運用するのではなく，アレンジ可能な「型」として運用方法を提示することで，全社で共通の「軸」を大切にしながらも，各本部に最適化された運用の追求を可能としております。「各本部最適」と「全社最適」とのバランスが保たれるよう，人事本部内で本部毎の組織支援担当者を任命し，各本部に所属するHRBP（人事ビジネスパートナー）と連携しております。人事本部スタッフによる全社情報の共有や評価会議支援の他，全社制度と本部内施策の接続，組織・人員に関する課題解決，労務問題の対応など連携は多岐にわたります。

・タレントの可視化

　　さらなる事業成長のため，キーマンの定義を行いそれにマッチする人材に活躍と成長の機会を適切に提供するための仕組みづくりを進めております。現在既に活躍している人材だけでなく，さらに先の将来を担う新卒入社社員までその対象を広げ，全社的なタレント可視化に取り組んでおります。

・マネジメント行動指針

　　マネジメントを担う社員の行動指針として「MIXI Management Beliefs」を設けております。この中では，マネジメントの役割定義と，その役割のために必要な行動が定義されております。人事による役職者対象研修の企画の土台にもなっており，各役職者が役割を果たすにあたっての指針とすることを促しております。

④　**多様性の確保**

　当社では「ダイバーシティ＆インクルージョン」をマテリアリティのひとつとし，多様性を受け入れる文化づくりを行っております。

継続的に多様性の確保を促進してまいりますが，具体的な目標の設定は，戦略・方針や事業成長に合わせた最適な組織構成とすることを念頭に行うこととしております。現在，女性と外国人の管理職登用については注視しており，状況は以下の通りです。※本項内に記載の比率は2023年3月末時点のものとなります

＜女性の管理職登用について＞

社員全体に占める女性社員の比率は30.0％，管理職に占める女性社員比率は16.1％，係長職級まで含めると20.5％となっております。働きやすい環境を実現するための制度の充実や育成を通じ，今後さらに管理職への積極的な引き上げを行いたいと考えております。なお，女性管理職比率については，2024年末時点で15％以上とすることを目標としております。

＜中途社員の管理職登用について＞

社員全体に占める中途社員の比率は86.8％，管理職に占める中途社員比率は91.0％と非常に高くなっております。事業の多角化に伴い異業種からの中途入社者も増加し，多様なバックグラウンドを持つ社員が在籍し，活躍しております。

＜外国人の管理職登用について＞

社員全体に占める外国籍社員比率は3.3％，管理職に占める外国籍社員比率は2.0％です。係長職級まで含めると3.0％の比率となっており，育成を通じて引き上げの余地があると考えられます。

新卒中途ともに国籍を問わない採用をしているため，現状特別な支援を設けてはおりません。ただ，事業のグローバル化の影響もあり直近の雇用ニーズは増加傾向にあるため，必要に応じて育成施策の強化に努めてまいります。

＜多様な人材が心地よく働ける環境づくりに向けた具体的な取組＞

入社者に受講を義務付けている「ダイバーシティ＆インクルージョン研修」で，性別や国籍・文化の多様性に限らず，性的指向／性自認・価値観・ライフスタイル等の多様性についても互いに尊重し合うよう啓発しております。また，当社就業規則では，性の多様性（LGBTQ+）の尊重についても明記しております。個人が望まない性的言動や不利益な取扱いの禁止に加え，「結婚に準ずるパートナーの定義」として同姓婚におけるパートナーも一般的な配偶者と同等に扱い，「結婚祝金」や「慶弔休暇」等，異性婚と同等の提供を行っております。

⑤　働く環境整備

　事業の特性や社員の様々な価値観・ライフスタイルやステージに合わせて選択肢を増やし，多様な人材が活躍できる環境を整備しております。同時に，個々のキャリアのサステナビリティを踏まえ，社員の健康面に配慮した健全な労働環境の構築も積極的に推進しております。

・「マーブルワークスタイル」のアップデート

　　当社は，「マーブルワークスタイル」という，部署ごとに最適な出社回数を選択でき，12時までに出社可能な範囲で日本全国どこにでも居住可能とする制度を設けております。2020年7月より試験運用，2022年4月に正式に制度化いたしましたが，2023年4月，さらに，「働く時間」の柔軟性を高めることを目的にフルフレックス制を試験的に導入，また，「働く場所」の柔軟性を高めるためにサードプレイスでの就業を可能とする「マーブルロケーション」を開始し，「マーブルワークスタイル」制度をさらに拡充することといたしました。働く時間と場所を柔軟にすることで，各個人のライフスタイルを尊重しつつ，組織成果を上げるための選択肢を整えております。

・育児休暇取得と復職率

　　小学生未満の子どもを養育する社員に向けては，既存の時短勤務制度に加え「時短フレックス制度」を導入しております。所定労働時間を短時間とした上でさらにフレックス制度の対象ともなるため，業務に応じて緩急をつけた勤務が可能となる制度です。結果として，女性の育児休暇取得率と育児休暇からの復職率は100％を継続中です。また，男性の育児休業取得率は39.5％（2023年3月集計）であり，前年比で10ポイント以上の増加となっております。男女問わず家庭・育児と両立できる働き方が可能となるよう，引き続き支援を行ってまいります。

・休暇制度の柔軟化

　　2023年4月に「ケア休暇」を新設いたしました。「ケア休暇」は，自身の体調不良，家族（二親等以内）の看護に利用できる休暇となります。自身や家族にとって必要なタイミングでしっかり休暇を取得して体調を回復し，パフォーマンスが高い状態で仕事をすることで成果を上げやすい環境を作るこ

とを狙いとしております。また，2021年4月に「リザーブ休暇」という，失効した年次有給休暇を積み立て，特定の事由（私傷病・慶弔・災害等）に利用ができる休暇制度を導入しておりましたが，2023年4月に，自身もしくは配偶者の妊活のための通院，家族（二親等以内）の看護を事由として追加することで，従業員が「ライフステージの変化があっても仕事を続けられる安心感」を感じることができるような休暇制度を設計しております。

・健康経営の推進

　　当社は，健康経営優良法人2023に認定されており，従業員の健康増進による生産性向上や離職率低下などの効果による，長期的な経営安定性の向上を目指します。健康経営を推進していく取組として健康診断・検診等の活用や推進，ストレスチェックといった基本的なことをはじめ，保健指導，ヘルスリテラシーの向上，病気の治療と仕事の両立支援，感染症予防対策，長時間労働者への対応などを実施しており，今後は従業員支援プログラムなどの導入や社内外への積極的な発信で啓蒙も行い，より充実した内容へと拡充していきます。

⑥　**コンプライアンス教育の徹底**

　当社ではコンプライアンス教育の一環として，危機管理研修をe-learningで提供しております。全ての従業員が受講をし，毎年100%の受講率を達成しております。危機管理研修の内容としては，情報セキュリティ研修／法務関連（コンプライアンス基礎，下請法や景品表示法）／ハラスメント研修など全8講座の受講を義務付けております。また管理職向けには，就任時におけるハラスメント防止研修を義務付けており，コンプライアンス遵守に対する高い意識を持って取り組んでおります。

3　事業等のリスク

　以下において，当社グループの事業の状況及び経理の状況等に関する事項のうち，リスク要因となる可能性があると考えられる主な事項及びその他投資者の判断に重要な影響を及ぼすと考えられる事項を記載しております。当社グループは，

これらのリスク発生の可能性を認識した上で，発生の回避及び発生した場合の対応に努める方針でありますが，当社の株式に関する投資判断は，本項以外の記載内容も併せて，慎重に検討した上で行われる必要があると考えております。

なお，以下の記載のうち将来に関する事項は，特段の記載がない限り，提出日現在において当社が判断したものであり，不確実性を内在しているため，実際の結果と異なる可能性があります。

（1）事業環境について

① モバイル市場について

当社グループは，主要事業においてスマートデバイスを通じて各種サービスを提供しております。国内モバイル市場の成長率は逓減しておりますが，高速化・低価格化によるモバイルネットワークの利用の拡大及び高性能化・低価格化によるスマートデバイスの普及の拡大等により，モバイル関連市場が今後も拡大していくと見込んでおり，当該市場の拡大が当社グループの事業展開の基本条件であると考えております。しかしながら，モバイル関連市場は，ブラウザゲームからスマートデバイス向けゲームへの急速な移行に見られるように，非常に変化が激しい状況にあります。モバイル関連市場は国内外の経済状況の変動，法的規制，技術革新，関連する市場の動向等様々な要因による影響を強く受けるため，今後新たな法的規制の導入や技術革新，通信事業者の動向の変化などにより，急激かつ大幅な変動が生じる可能性があります。当社の予期せぬ要因によりモバイル関連市場の発展が阻害され，又は当社の想定する成長が実現しなかった場合には，当社グループの事業，業績及び財政状態に影響を及ぼす可能性があります。

② 競合について

当社グループの主要事業においては，スマートデバイスを通じて各種サービスを提供しております。スマートデバイスを通じた各種サービスは，参入障壁が低く，多くの企業が参入しており，国内外の企業との競合が激しい状況にあります。今後も，資本力，マーケティング力，知名度や専門性，新規サービスの開発力，事業ポートフォリオ等において，当社グループより強い競争力を有する企業等との競合又は新規参入が拡大する可能性があり，競争の激化やその対策のためのコスト負担等により，当社グループの事業，業績及び財政状態に影響を及ぼす可能性

があります。また，家庭用ゲーム機や動画共有サイト等のサービスと，当社グループが提供するスマートデバイスを通じた各種サービスは，余暇に手軽に楽しむ娯楽という点でユーザー層や利用目的が重なる傾向にあり，同じユーザー層の余暇を奪い合う点において間接的に競合する関係にあります。当社グループの提供するサービスのユーザーが，これらの競合するサービスを利用するために費やす時間が増えた場合には，当社グループのサービスに対する需要が減少するなど，当社グループの事業，業績及び財政状態に影響を及ぼす可能性があります。

③　技術革新について

　当社グループが事業を展開するインターネット業界においては，事業に関連する技術革新のスピードや顧客ニーズの変化が速く，それに基づく新サービスの導入が相次いで行われております。これらの変化に対応するため，優秀な技術者を確保するとともに先端技術の研究やシステムへの採用等，必要な対応を行っておりますが，何らかの要因により変化に対する適時適切な対応ができない場合には，業界における競争力が低下し，当社グループの事業，業績及び財政状態に影響を及ぼす可能性があります。

(2)　事業上のリスクについて ···

① 　ユーザーの嗜好や興味・関心の変化への対応について

　当社グループが提供するサービスの主なユーザーは，モバイルを利用する一般ユーザーであり，当社グループによるユーザーの獲得・維持，利用頻度，課金利用数はその嗜好の変化による影響を強く受けます。当社グループはかかるユーザーの多様化する嗜好の変化に対応するため，サービスの拡充，集客強化及び活性化のための対策を適切なタイミングで定期的に講じる方針でありますが，スマートデバイス向けゲーム等，当社グループの主たるサービスにおいては，ユーザーの嗜好の移り変わりが激しく，トレンドの変化が急速かつ急激である傾向にあり，ユーザーニーズの的確な把握やニーズに対応するコンテンツの提供が何らかの要因により適時適切に実行できない場合には，当社グループの提供するサービスのユーザーへの訴求力が低下し，当社グループの事業，業績及び財政状態に影響を及ぼす可能性があります。また，各対策に対するユーザーの興味・関心によって

は，当社グループの業績にも季節による偏りが生じる可能性があります。

　当社グループでは，デジタルエンターテインメント事業において，スマートデバイス向けゲーム等のサービスを提供しており，当事業における当社グループの提供するゲームの課金売上高が当社グループの収益の大半を占めており，その中でも特定のタイトル（「モンスターストライク」）の売上高に大きく依存しております。

　当社グループは，「モンスターストライク」の利用を維持・促進するため，ゲームの機能改善や新機能の追加，定期的なイベントの開催，各種プロモーション等によるユーザーの利用の活性化を図っておりますが，かかる対策が適時適切に行えなかった場合，又はかかる対策が功を奏さなかった場合など，何らかの理由によってユーザーの興味・関心を維持できない場合，又は競合他社が当該タイトルよりも魅力あるタイトルを市場に投入するなどして，「モンスターストライク」の競争力が低下した場合，ユーザー数の減少，課金ユーザー比率の低下，課金利用の減少等により，当社の事業，業績及び財政状態に影響を与える可能性があります。

　また，ユーザーの興味・関心を高めるべく，新規タイトルの開発・普及を行ってまいりますが，当社グループが，ユーザーの嗜好の変化等を常に適切に把握し，新規タイトルに反映できる保証はありません。さらに，新規タイトルの開発及び普及のためには，多額の開発費用及び広告宣伝などの費用が必要であり，開発した新規タイトルの普及・課金が想定通り進捗しない場合には当社グループの事業，業績及び財政状態に影響を与える可能性があります。

② **ユーザー獲得の外部事業者への依存について**

　当社グループが，デジタルエンターテインメント事業において提供するスマートデバイス向けゲーム等のサービスは，スマートデバイスのアプリケーションとして，Apple Inc.及びGoogle Inc.等のプラットフォーム運営事業者を介して提供されており，代金回収やシステム利用，ユーザー獲得等において，かかるプラットフォーム運営事業者に実質的に依存しております。当社グループは，これらのプラットフォーム運営事業者との良好な関係の構築に努めておりますが，当社グループはその収益の大部分をスマートデバイス向けゲームの課金による売上高に

依存しているため，何らかの原因により，これらのプラットフォーム運営事業者との契約継続が困難となった場合やプラットフォーム事業者の運営方針や手数料等に変更が生じた場合には，当社グループの事業，業績及び財政状態に影響を及ぼす可能性があります。

　また，当社グループは，サービスの開発，提供について，様々な外部事業者に対し業務の委託を行っており，デジタルエンターテインメント事業におけるスマートデバイス向けゲームの開発の一部についても特定の外部事業者に委託しております。当社グループは，これらの外部事業者とは良好な関係の構築に努めておりますが，何らかの原因によりこれらの外部事業者との関係が悪化した場合には，当社グループのサービスの維持及び新規開発に支障をきたす可能性があります。また，当社グループは，当社グループのサービスの品質の管理及び維持に万全を期しておりますが，かかる外部事業者による活動を完全に制御することは不可能であり，当社グループによる管理・監督が行き届かない可能性があります。上記のような事由により，当社グループのサービスの品質の低下やこれによる当社グループのサービスに対するユーザーの信頼の低下が生じた場合には，当社グループの事業，業績及び財政状態に影響を与える可能性があります。

③　グローバル展開について

　当社グループは，海外でスマートデバイス向けアプリケーションを配信し，又はライセンスの供与を行っており，今後も更なる事業拡大のために海外市場におけるスマートデバイス向けアプリケーションの展開が重要な施策であると考えております。しかしながら，海外展開においては，各国の法令，政治・社会情勢，文化，宗教，ユーザーの嗜好や商慣習の違い，為替変動等を始めとした潜在的リスクに対処できないことにより，想定通りの成果を上げることができない可能性があり，この場合には当社グループの事業，業績及び財政状態に影響を与える可能性があります。

　また，当社グループはスマートデバイス向けアプリケーションの海外展開にあたり，言語や文化の違いを踏まえたローカライズを行ったうえで，現地での広告宣伝を実施するなど，現地ユーザーの獲得と現地での当社グループのサービスの浸透に努めておりますが，当社グループ又は当社グループのサービスが，海外で

も日本国内と同様に受け入れられる保証はありません。また，ローカライズを適切に行うことができなかった場合には，現地ユーザーに受け入れられず，場合によってはユーザーからの批判に晒される可能性があり，かかる場合には，当社グループの事業，業績及び財政状態に影響を与える可能性があります。

④　**当社グループ及び当社グループの製品，サービス，事業に対する信頼又は社会的信用について**

当社グループは，主としてインターネットに接続するスマートデバイス及びPC向けにサービスの提供をおこなっており，当社グループの提供するサービスのユーザーはインターネット上の情報に頻繁にアクセスする傾向にあります。インターネットはその特性上，根拠の有無に関わらず様々な情報が交わされるため，当社グループが提供するサービスは特にインターネット上の風評による被害を受けやすい傾向にあります。当社グループは当社グループ及びその提供するサービスに関する評判の維持，向上に努めておりますが，ユーザーの根拠の乏しい風説等により，当社グループの評判・信頼が傷つくとともに，当社グループの事業，業績及び財政状態に影響を及ぼす可能性があります。

当社グループが提供するサービスにはユーザー同士による双方向コミュニケーションを仲介するものがあります。当社グループでは，ユーザー同士のトラブルの回避や違法行為等を防止する観点から，ユーザーに対する啓蒙やモニタリングに努めておりますが，一部の悪質なユーザーによる不適切な行為や違法行為等を完全には防ぐことができない可能性があります。ユーザーによりこのような行為が行われた場合には，当社グループが提供するサービスの安全性，信頼性が低下し，ユーザー数が減少する可能性があり，また法的な紛争に巻き込まれ，公的機関から指導を受けることとなる可能性があり，このような場合には当社グループの事業，業績及び財政状態に影響を与える可能性があります。

当社グループは，当社グループのサービスの開発，提供について，様々な外部事業者に対し業務の委託を行っておりますが，当社グループがかかる外部事業者の活動を完全に制御することは不可能であるため，かかる外部事業者による個人情報の漏えいその他の違法行為又は不適切な行為等が行われた場合には，当社グループ又は当社グループのサービスに対するレピュテーションが低下し，当社グ

ループの事業，業績及び財政状態に影響を与える可能性があります。

　当社グループは，「mixi」「モンスターストライク」等，日本において高いブランド認知度を有するサービスを提供しており，ブランド価値の維持及び強化が，ユーザーの信頼確保，ユーザー基盤の拡大・利用の促進，新たな取引先の確保のために重要であると考えております。

　しかしながら，当社グループがブランド価値の維持及び強化に必要な投資を行えない場合，競合他社がより競争力のあるブランドを確立した場合等には，当社グループのブランド価値が低下し，当社グループの事業，業績及び財政状態に影響を及ぼす可能性があります。

　また，ブランド価値の維持と強化には多額の費用と人的資源の投下が必要であるところ，十分な投資を行ってもブランド価値の維持・強化を実現できる保証はなく，何らかの理由により当社グループのブランド価値が低下した場合には，当社グループの事業，業績及び財政状態に影響を及ぼす可能性があります。

　当社グループは，このようなレピュテーションリスクやコンプライアンスに配慮した経営判断を行うため，次のような仕組み・体制を整えております。

　リスク管理等担当執行役員やコンプライアンス本部を設置し，網羅的なリスク状況の把握や，発生後の迅速な対応方法の策定など，全社的なリスク管理体制を構築しております。また，執行の長である本部長や当社グループの経営陣は，事業上のリスク等に配慮しながら業務執行を行うとともに，事業推進において特定の個人に依存することなく，組織を横断したリスク管理を行うために，担当事業のリスクを定期的に本部長報告会にて報告する仕組みとしております。また，一定金額以上の重要な事業推進においては，職務権限規程に基づき取締役会又は経営会議に上程し，決裁しております。なお，経営会議の決裁権限を拡大することで，取締役会においてより重要性の高い案件の審議に注力し，経営戦略・リスクマネジメントに関する議論・判断に専念できる体制を整えております。加えて，新規事業やM&Aを行う際に，組織横断的なリスクの洗い出し・評価・対応策の検討を行う会議体としてリスク管理等担当執行役員を責任者とするリスク管理委員会を設置しており，審議結果を事業部門や取締役会等にフィードバックすることでリスク管理・コンプライアンス体制の向上を図っております。

（3） 事業推進体制について ·······························

① 人材の確保及び育成について

　当社グループは，今後想定される事業拡大に伴い，継続した人材の確保が必要であると考えており，継続して優秀な人材を適切に確保するとともに，事業推進のキーパーソンとなる人材の育成に努めていく方針であります。しかしながら，事業拡大に伴い必要となる事業責任者等の優秀な人材の確保・育成が計画通り進まなかった場合には，当社グループの競争力の低下や事業の拡大が制約される可能性があり，この場合，当社グループの事業及び業績に影響を与える可能性があります。

② 内部管理体制について

　当社グループは，企業が継続して成長し続けるためには，人材，資本，サービス，情報資産の適正な活用のために必要な体制を構築し，内部統制が有効に機能することが不可欠であるとの認識のもと，取締役会直轄の独立した組織として内部監査室を設置しており，業務上の人為的なミスやその再発，内部関係者の不正行為等が起きることのないよう，内部管理体制の充実に努めております。しかしながら，事業の急速な拡大等により，十分な内部管理体制の構築が追いつかないという状況が生じた場合，適切な業務運営，管理体制の構築が困難となり，当社グループの事業及び業績に影響を与える可能性があります。

③ 情報管理体制について

　当社グループは，ユーザーの登録情報等の個人情報を取得して利用しているため，「個人情報の保護に関する法律」が定める個人情報取扱事業者としての義務を課されております。

　当社グループは，個人情報の外部漏えいの防止はもちろん，不適切な利用，改ざん等の防止のため，個人情報の管理を事業運営上の重要事項と捉え，個人情報保護基本規程等を制定し，個人情報の取り扱いに関する業務フローや取り扱いのマニュアルを定めて厳格に管理するとともに，全グループの社員を対象として社内教育を徹底するなど，同法及び関連法令並びに当社グループに適用される関連ガイドラインの遵守に努め，個人情報の保護に積極的に取り組んでおります。

　また，個人情報を保管しているサーバーについても24時間管理のセキュリティ

設備のあるデータセンターで厳重に管理されており，加えてこのサーバーに保管されているデータへのアクセスは，権限を有する一部の社員に限定されております。

　しかしながら，当社グループが保有する個人情報等につき，漏えい，改ざん，不正使用等が生じる可能性を完全に排除することはできません。また，これらの事態に備え，個人情報漏えいに対応する保険に加入しておりますが，全ての損失を完全に補填できるとは限らず，これらの事態が起こった場合，適切な対応を行うための相当なコストの負担，損害賠償請求，当社グループに対する信用の低下等によって，当社グループの事業，業績及び財政状態に影響を及ぼす可能性があります。

（4）　システムについて ……………………………………………………

①　事業拡大に伴う継続的な設備・システム投資について

　当社グループは，今後のユーザー数及びアクセス数の拡大に備え，継続的にシステムインフラ等への設備投資を計画しておりますが，当社グループの計画を上回る急激なユーザー数及びアクセス数の増加等があった場合，設備投資の時期，内容，規模について変更せざるを得なくなる可能性があります。このような事態が生じた場合には，設備投資，減価償却費負担の増加が想定され，当社グループの事業，業績及び財政状態に影響を及ぼす可能性があります。

②　システム障害・自然災害について

　当社グループは，事業を運営するためのシステムについて，外部事業者が保有するデータセンター及びクラウドサービスを利用し，セキュリティ強化による不正アクセス対策や，データのバックアップ，設備電源の二重化等の運用・管理体制を構築しております。しかしながら，サービスへのアクセスの急増などの一時的な過負荷や電力供給の停止，ソフトウェアの不具合，外部連携システムにおける障害，コンピュータウイルスや外部からの不正な手段によるコンピュータへの侵入，自然災害，事故など，当社グループの予測不可能な様々な要因によってコンピュータシステムがダウンした場合，当社グループの事業，業績及び財政状態に影響を及ぼす可能性があります。具体的には，当社グループのサービスの運営

が制限されることにより，当社グループの売上が減少する可能性があります。また，大規模な自然災害等が発生した場合には多大な損害を被る可能性があり，復旧等に際して特別な費用負担を強いられることにより，当社グループの利益が減少する可能性があります。更には，サーバーの作動不能や欠陥等に起因し，信頼が失墜し取引停止等に至る場合や，当社グループに対する損害賠償請求等が発生する場合も想定され，このような場合には当社グループの事業，業績及び財政状態に影響を及ぼす可能性があります。

(5) 法的規制等について

当社グループの事業は，「電気通信事業法」，「資金決済に関する法律」，「青少年が安全に安心してインターネットを利用できる環境の整備等に関する法律」（以下「青少年ネット環境整備法」という。），「個人情報の保護に関する法律」，「不当景品類及び不当表示防止法」，「特定商取引に関する法律」，「特定電気通信役務提供者の損害賠償責任の制限及び発信者情報の開示に関する法律」，及び「不正アクセス行為の禁止等に関する法律」等の各種法令や，監督官庁の指針，ガイドライン等による規制を受けております。このような法令の制定や改正，監督官庁による許認可の取消又は処分，新たなガイドラインや自主的ルールの策定又は改定等により，当社グループの事業が新たな制約を受け，又は既存の規制が強化された場合には，当社グループの事業，業績及び財政状態に影響を及ぼす可能性があります。

当社グループの事業に適用のある法令のうち，特に重要な規制は以下の通りです。

（ア）「電気通信事業法」

当社グループは，「電気通信事業者」として届出を行っており，通信の秘密の保護，障害発生時の報告等の義務が課せられております。当社グループが，本法令に違反した場合には，業務改善命令等の行政処分を受ける可能性があり，このような場合には当社グループの事業及び業績に影響を及ぼす可能性があります。

（イ）「資金決済に関する法律」

　「mixi」ゲームや「モンスターストライク」などのスマートデバイス向けゲーム
で発行している有料のゲーム内通貨を含め、当社の一部サービスで発行する「前
払式支払手段」については、同法が適用されます。このため、当社グループは
関東財務局への登録又は届出を行い、同法、府令等の関連法令を遵守し業務を
行っております。しかしながら、当社グループがこれらの関連法令に抵触した
場合、業務停止命令や登録取消し等の行政処分を受けることも想定され、この
ような場合には当社グループの事業及び業績に影響を及ぼす可能性がありま
す。

（ウ）「青少年ネット環境整備法」

　この法律は、現状、インターネット運営事業者等に対して、インターネット
上の違法・有害情報について青少年閲覧防止措置を講ずる努力義務を課すに過
ぎないものの、青少年を取り巻くインターネット上の違法・有害情報に対する
運営事業者への社会的責任は大きくなってきており、今後、インターネット運
営事業者等に特別の法的義務を課された場合、当社の事業展開が制約される可
能性があります。

(6)　知的財産権について ···

　当社グループでは、知的財産権の確保が競争の優位性を担保するための重要な
要素と位置づけ、知的財産権に関する戦略の検討、取得・管理方針の策定等の知
的財産権に関する施策を集中的に推進する体制を構築しております。

　もっとも、知的財産権はその範囲が不明確であり、当社グループのサービス及
び連携する第三者のサービスにおいて、第三者の知的財産権侵害の可能性を完全
に把握することは困難であります。

　また、当社グループの事業分野では、当社グループの認識していない知的財産
権が既に成立している可能性又は新たに知的財産権が成立する可能性があります。当社グループが第三者の知的財産権を侵害することによる損害賠償請求や差
止請求、又は当社グループに対する知的財産権の使用料の請求等を受けることに
より、当社グループの事業、経営成績及び財政状態に影響を及ぼす可能性があり

ます。

　さらに，当社グループでは，オープンソースソフトウェアを活用したシステム
開発を行っておりますが，オープンソースソフトウェアに関してはライセンスの
種類が多岐にわたるうえ，その性質・効果について多様な議論があるところであ
り，予測できない理由等により当社グループによる知的財産権の利用に制約が発
生する可能性があり，このような場合には，当社グループの経営成績及び財政状
態に影響を及ぼす可能性があります。

(7)　投融資にかかるリスクについて

　当社グループでは事業ポートフォリオを拡大すべく，国内外を問わず出資，子
会社設立，合弁事業の展開，アライアンス，M&A等を実施する場合があります。
これらの投資は，それぞれの投資先企業と当社グループとの事業上のシナジー効
果や投資先企業による収益貢献等を期待して投資を実行しておりますが，予定し
たシナジーが得られない場合や投資先企業の業績によっては減損処理等実施する
可能性があり，当社グループの業績及び財政状態に影響を及ぼす可能性がありま
す。

　また，マイノリティ出資においては，出資先の経営陣が当社グループの意思に
反する経営判断を下す，又は当社グループの意思に反して若しくは不利な条件で，
当社グループの投資持分を売却せざるを得なくなる可能性があり，その結果，当
社グループの財政状態及び経営成績に影響を及ぼす可能性があります。

　さらに，当社グループでは，投資事業組合等（ファンド）への投資も実施して
いく方針でありますが，ファンドが出資する未公開企業は，経営資源や開発力が
限定されている企業も多く，将来性については不確定要素を多数かかえており，
業績が悪化した場合など，投資資本が回収できず，当社グループの業績及び財政
状態に影響を及ぼす可能性があります。

(8)　業務提携・M&Aにかかるリスクについて

　当社グループでは，事業規模の拡大と収益源の多様化を進めるため，当社グルー
プのサービスと親和性の高い企業との業務・資本提携やM&Aを通じた事業の拡

大に取り組んでおります。また，M&Aの実施前には，法務・財務税務面等に関するデューデリジェンスの実施に加え，リスク管理委員会にて組織横断的なリスクの洗い出し・評価・対応策の検討を行っております。しかしながら，被買収企業との融合又は提携先との関係構築・強化が予定通り進捗しない場合，統合又は提携により当初想定した事業のシナジー効果等が得られない場合，何らかの理由により当該業務提携が解消された場合など，投資に要した資金，時間その他の負担に見合った利益を回収できない可能性があり，当社グループの事業，業績及び財政状態に影響を及ぼす可能性があります。また，当社グループは，企業買収等に伴い，連結貸借対照表において相当額ののれんを計上しております。当社グループでは，適用のある会計基準に従ってかかるのれん及び無形固定資産を今後一定の期間にわたり償却いたしますが，事業環境や競合状況の変化等により期待する成果が得られないと判断される場合には，当該のれん及び無形固定資産について減損損失を計上する必要があり，これにより，当社グループの事業，業績及び財政状態に影響を及ぼす可能性があります。

（9） 新規事業について

　当社グループでは，今後も持続的な成長を実現するために，新サービス・新規事業の創出，育成に積極的に取り組んでいきたいと考えております。このような施策を実施するためにシステム投資，広告宣伝費等の追加的な支出が発生することが想定され，これにより利益率が低下する可能性があります。また，新規事業については，リスク管理委員会にて事業のレピュテーションリスクにも留意して組織横断的なリスクの洗い出し・評価・対応策の検討を行っております。しかしながら，新サービス・新規事業を創出，育成していく過程では，予測困難なリスクが発生する可能性があり，また，当社グループとして新サービス・新規事業の経験が浅い場合には，経験不足により円滑な事業運営ができない可能性があります。その結果，新サービス・新規事業の展開が計画通りに進まない場合や計画を中止する場合，開始した新規事業が期待した収益性を実現できない場合等には，当社グループの事業，業績及び財政状態に影響を与える可能性があります。

---

point **生産及び販売の状況**

　生産高よりも販売高の金額の方が大きい場合は，作った分よりも売れていることを意味するので，景気が良い，あるいは会社のビジネスがうまくいっていると言えるケースが多い。逆に販売額の方が小さい場合は製品が売れなく，在庫が増えて景気が悪くなっていると言える場合がある。

（10） 過年度の業績について

当社グループの主要な連結経営指標等の推移は下記のとおりです。

回次		第19期	第20期	第21期	第22期	第23期	第24期
決算年月		2018年3月期	2019年3月期	2020年3月期	2021年3月期	2022年3月期	2023年3月期
売上高	（百万円）	189,094	144,032	112,171	119,319	122,030	146,867
EBITDA※	（百万円）	74,228	42,091	20,069	27,117	22,073	29,482
営業利益	（百万円）	72,359	41,033	17,147	22,928	17,808	24,820
経常利益	（百万円）	72,717	41,120	16,915	23,019	17,626	18,250
親会社株主に帰属する当期純利益	（百万円）	41,788	26,521	10,760	15,692	10,262	5,161

※ EBITDA＝減価償却費及びのれん償却額を考慮しない営業利益ベースの数値

当社グループは，主力事業である「モンスターストライク」の事業拡大に伴い，2016年3月期に至るまで業績を拡大しておりました。2017年3月期以降は「モンスターストライク」が減収トレンドとなり，それに伴い，当社グループの連結業績について，2020年3月期に至るまで減収・減益傾向が続いておりました。当連結会計年度の2023年3月期においては，ゲームの機能改善や新機能の追加や各種コラボ等の施策が功を奏し，2022年3月期に対して増収・増益となっております。今後，当社グループは引き続き「モンスターストライク」の収益性の向上・維持やスポーツ領域の新規事業開発等の施策を講じ，当社グループが運営するサービスのユーザー利用を維持・促進に努めていく方針ですが，かかる対策が適時適切に行えなかった場合，又はかかる対策が功を奏さなかった場合など，何らかの理由によってユーザーの興味・関心を維持・促進できない場合には，当社グループの事業，業績及び財政状態に影響を与える可能性があります。なお，第24期の期首より，投資事業に関する投資有価証券，収益及び費用の計上区分の変更を行って

おり，第23期に係る主要な連結経営指標等については，遡及適用後の数値を記載しております。

4　経営者による財政状態，経営成績及びキャッシュ・フローの状況の分析

（1）　経営成績等の状況の概要

当連結会計年度における当社グループの経営成績，財政状態及びキャッシュ・フローの状況の概要は次のとおりであります。

---

point 対処すべき課題

有報のなかで最も重要であり注目すべき項目。今，事業のなかで何かしら問題があればそれに対してどんな対策があるのか，上手くいっている部分をどう伸ばしていくのかなどの重要なヒントを得ることができる。また今後の成長に向けた技術開発の方向性や，新規事業の戦略についての理解を深めることができる。

① 経営成績の状況

	前連結会計年度 （自　2021年4月1日 　至　2022年3月31日）	当連結会計年度 （自　2022年4月1日 　至　2023年3月31日）	前年同期比 増減率
売上高（百万円）	122,030	146,867	20.4%
EBITDA（百万円）	22,073	29,482	33.6%
営業利益（百万円）	17,808	24,820	39.4%
経常利益（百万円）	17,626	18,250	3.5%
親会社株主に帰属する当期 純利益（百万円）	10,262	5,161	△49.7%

　当連結会計年度の売上高は146,867百万円（前連結会計年度比20.4％増）となりました。また，EBITDAは29,482百万円（前連結会計年度比33.6％増），営業利益は24,820百万円（前連結会計年度比39.4％増），経常利益は18,250百万円（前連結会計年度比3.5％増），親会社株主に帰属する当期純利益は5,161百万円（前連結会計年度比49.7％減）となりました。

　セグメントごとの経営成績は次のとおりであります。

　当連結会計年度から，報告セグメントの名称及び区分方法を変更しており，以下の前連結会計年度比較及び分析については，変更後の区分に基づいて記載しております。

　また，事業セグメントの利益の測定方法は，減価償却費及びのれん償却額を考慮しない営業利益ベースの数値（EBITDA）としております。

デジタルエンターテインメント事業

	前連結会計年度 （自　2021年4月1日 　至　2022年3月31日）	当連結会計年度 （自　2022年4月1日 　至　2023年3月31日）	前年同期比 増減率
売上高（百万円）	91,219	104,374	14.4%
セグメント利益（百万円）	38,848	43,502	12.0%

　デジタルエンターテインメント事業は，スマートデバイス向けゲーム「モンスターストライク」を主力として収益を上げております。「モンスターストライク」は，有力IPとのコラボレーションをはじめ，2022年10月に実施した9周年イベントや年末年始イベントが奏功しARPUが前期を上回ったことで，売上高及びセグメント利益ともに増収増益となっております。なお2022年7月には新作タイトルとして，モンストIPを活用した新作タイトル「ゴーストスクランブル」他3本

をリリースしております。

　この結果，当事業の売上高は104,374百万円（前連結会計年度比14.4％増），セグメント利益は43,502百万円（前連結会計年度比12.0％増）となりました。

スポーツ事業

	前連結会計年度 （自　2021年4月1日 至　2022年3月31日）	当連結会計年度 （自　2022年4月1日 至　2023年3月31日）	前年同期比 増減率
売上高(百万円)	18,504	28,643	54.8％
セグメント損失（△）（百万円）	△5,148	△1,100	－％

　スポーツ事業では，観戦事業，公営競技事業への投資を行っております。観戦事業におきましては，2022年2月よりプロサッカーチーム「FC東京」を運営する東京フットボールクラブ株式会社が新たにグループに加わっております。公営競技事業におきましては，スポーツベッティングサービス「TIPSTAR」及び株式会社チャリ・ロトで，前連結会計年度と比較して，オンライン車券販売高が伸びたことで増収となっております。また，「TIPSTAR」は，コストの効率化を進め費用の抑制を図ったことで，セグメント損益は改善しております。

　この結果，当事業の売上高は28,643百万円（前連結会計年度比54.8％増），セグメント損失は1,100百万円（前連結会計年度はセグメント損失5,148百万円）となりました。

ライフスタイル事業

	前連結会計年度 （自　2021年4月1日 至　2022年3月31日）	当連結会計年度 （自　2022年4月1日 至　2023年3月31日）	前年同期比 増減率
売上高(百万円)	8,375	11,663	39.3％
セグメント損失（△）（百万円）	△71	△84	－％

　ライフスタイル事業では，家族向け写真・動画共有アプリ「家族アルバムみてね」，サロンスタッフ直接予約アプリ「minimo」，SNS「mixi」を中心に各種サービスを運営しております。「みてねみまもりGPS」の販売が好調であったことや，加えて当連結会計年度より株式会社CONNECTITを新規連結したことにより，年賀状サービスの売上が伸長した結果，増収となりました。一方，「みてねみま

もり GPS」の広告宣伝費等の先行投資が発生したことで費用が増加しております。

　この結果，当事業の売上高は11,663百万円（前連結会計年度比39.3％増），セグメント損失は84百万円（前連結会計年度はセグメント損失71百万円）となりました。

投資事業

	前連結会計年度 （自　2021年4月1日 至　2022年3月31日）	当連結会計年度 （自　2022年4月1日 至　2023年3月31日）	前年同期比 増減率
売上高（百万円）	3,930	2,023	△48.5％
セグメント利益（百万円）	1,460	553	△62.1％

　投資事業では，スタートアップやベンチャーキャピタルへの出資を行っております。当連結会計年度においては，当社グループの出資するファンドの損益を取り込んだことと，当社及びアイ・マーキュリーキャピタル株式会社の保有する投資有価証券の売却による収益を計上しております。

　この結果，当事業の売上高は2,023百万円（前連結会計年度比48.5％減），セグメント利益は553百万円（前連結会計年度比62.1％減）となりました。

②　財政状態の状況

　当連結会計年度末における総資産は前連結会計年度末と比べ4,264百万円増加の222,321百万円，自己資本は，剰余金の配当等により，2,124百万円減少の181,010百万円となり，自己資本比率は81.4％となりました。流動資産は，営業投資有価証券の増加等により，前連結会計年度末と比べ7,035百万円増加の162,907百万円となりました。固定資産は，投資有価証券の減少等により，前連結会計年度末と比べ2,771百万円減少の59,413百万円となりました。流動負債は，未払金，未払法人税等及び未払消費税等の増加等により，前連結会計年度末と比べ8,396百万円増加の29,244百万円となりました。固定負債は，長期借入金の減少等により，前連結会計年度末と比べ1,538百万円減少の9,613百万円となりました。

③ キャッシュ・フローの状況

当連結会計年度末における現金及び現金同等物（以下「資金」という。）の残高は，前連結会計年度末と比べて269百万円増加し，118,703百万円となりました。各キャッシュ・フローの状況とその要因は以下のとおりであります。

（営業活動によるキャッシュ・フロー）

営業活動により獲得した資金は15,751百万円（前連結会計年度は2,647百万円の獲得）となりました。これは主に，税金等調整前当期純利益が11,254百万円となったことによるものであります。

（投資活動によるキャッシュ・フロー）

投資活動により使用した資金は7,350百万円（前連結会計年度は17,436百万円の使用）となりました。これは主に，有形固定資産の取得による支出1,963百万円及び投資有価証券の取得による支出3,421百万円によるものであります。

（財務活動によるキャッシュ・フロー）

財務活動により使用した資金は8,326百万円（前連結会計年度は16,627百万円の使用）となりました。これは主に，配当金の支払い8,087百万円によるものであります。

④ 生産，受注及び販売の状況

a. 生産実績

生産に該当する事項がありませんので，生産実績に関する記載はしておりません。

b. 受注状況

受注生産を行っておりませんので，受注状況に関する記載はしておりません。

c. 販売実績

当連結会計年度の販売実績をセグメントごとに示すと，次のとおりであります。

セグメントの名称	販売高(百万円)	前年同期比(%)
デジタルエンターテインメント事業	104,374	114.4
スポーツ事業	28,643	154.8
ライフスタイル事業	11,663	139.3
投資事業	2,023	51.5
調整額	161	-
合計	146,867	120.4

(注) 1. セグメント間取引については，相殺消去しております。

2. 対前期前年同期比増減率が1,000％以上となる場合は「－」を配置しております。

3. 調整額には各セグメントに配分していない全社売上が含まれております。

4. 主な相手先別の販売実績及び当該販売実績の総販売実績に対する割合
総販売実績に対する割合が10％を超える相手先がないため，記載を省略しております。なお，当社グループの事業の販売先については，「第1企業の概況3事業の内容」の事業系統図に記載のとおり，一般ユーザーを販売先と捉えて，主な相手先別の販売実績及び総販売実績に対する割合を算定しております。

（2） 経営者の視点による経営成績等の状況に関する分析・検討内容 ············

経営者の視点による当社グループの経営成績等の状況に関する認識及び分析・検討内容は次のとおりであります。なお，文中の将来に関する事項は，当連結会計年度末現在において判断したものであります。

① 重要な会計方針及び見積り

当社グループの連結財務諸表は，わが国において一般に公正妥当と認められている会計基準に基づき作成されております。その作成には，経営者による会計方針の選択・適用，資産・負債及び収益・費用の報告金額及び開示に影響を与える見積りを必要としております。経営者は，これらの見積りについて，過去の実績等を勘案し合理的に判断しておりますが，実際の結果は，見積りによる不確実性のため，これらの見積りと異なる場合があります。

会計上の見積りについては，「第5経理の状況」をご参照ください。

② 当連結会計年度の経営成績等の状況に関する認識及び分析・検討内容

（売上高の状況）

デジタルエンターテインメント事業におきましては，「モンスターストライク」にて有力 IP とのコラボや各種イベントの実施等の影響もあり，ARPU が前連結会計年度を上回ったことで，当事業の売上高は 104,374 百万円（前連結会計年度

比14.4％増）となりました。

　スポーツ事業におきましては，観戦事業において，2022年2月より東京フットボールクラブ株式会社が新たにグループに加わったことや，公営事業にてスポーツベッティングサービス「TIPSTAR」及び株式会社チャリ・ロトでオンライン車券販売高が伸びた影響等もあり，当事業の売上高は28,643百万円（前連結会計年度比54.8％増）となりました。

　ライフスタイル事業におきましては，「みてねみまもりGPS」の販売が好調であったことに加え，当連結会計年度より株式会社CONNECTITを新規連結したことにより，年賀状サービスの売上が伸長した結果，当事業の売上高は11,663百万円（前連結会計年度比39.3％増）となりました。

　以上の結果，当連結会計年度の売上高は146,867百万円（前連結会計年度比20.4％増）となりました。

（営業利益の状況）

　デジタルエンターテインメント事業における「モンスターストライク」の増収影響やスポーツ事業において「TIPSTAR」のコストの効率化を進め費用の抑制を図ったこと等により営業利益は24,820百万円（前連結会計年度比39.4％増）となりました。

（親会社株主に帰属する当期純利益の状況）

　特別損失につきましては，事業撤退損4,408百万円及び貸倒引当金繰入額1,129百万円を計上いたしました。

　また，法人税等合計につきましては，法人税，住民税及び事業税が797百万円増加，法人税等調整額が1,301百万円減少したことにより前連結会計年度に比べ503百万円減少の5,348百万円となりました。

　以上の結果，親会社株主に帰属する当期純利益は5,161百万円（前連結会計年度比49.7％減）となりました。

（資本の財源及び資金の流動性についての分析）

　当社グループの運転資金・設備資金については，子会社の設備投資資金の一部を借入金により充当しておりますが，主に自己資金により充当しております。当連結会計年度末の現金及び現金同等物は118,703百万円となり，将来資金に対

して十分な財源及び流動性を確保しております。

（中長期的な会社の経営戦略）

　当社グループは経営理念等を，『豊かなコミュニケーションを広げ，世界を幸せな驚きで包む。』をパーパスと定め，『「心もつながる」場と機会の創造。』をミッションに掲げております。

　各事業セグメントにおいて，SNS「mixi」や「モンスターストライク」で培ったコミュニケーションサービスのノウハウと，AIなどの最新のテクノロジーを活用し，サステナブルな収益基盤の構築を目指してまいります。今後の課題については，「第2　事業の状況　1　経営方針，経営環境及び対処すべき課題等」をご参照ください。

（キャッシュ・フローの分析）

　キャッシュ・フローの分析については，「第2事業の状況4経営者による財政状態，経営成績及びキャッシュ・フローの状況の分析」をご参照ください。

（経営成績に重要な影響を与える要因について）

　経営成績に重要な影響を与える要因については，「第2事業の状況3事業等のリスク」をご参照ください。

（経営者の問題認識と今後の方針について）

　経営者の問題認識と今後の方針については，「第2事業の状況1経営方針，経営環境及び対処すべき課題等」をご参照ください。

設備の状況

1 設備投資等の概要

当連結会計年度に実施した当社グループの設備投資は総額1,963百万円であります。

その主なものは，株式会社 MIXI によるコンピューター及びサーバー等の取得391百万円, 株式会社チャリ・ロトによる競馬場整備費用439百万円であります。

なお，当連結会計年度において重要な影響を及ぼす資産の除却又は売却はありません。

2 主要な設備の状況

当社グループにおける主要な設備は，以下のとおりであります。

(1) 提出会社 ⋯⋯⋯⋯⋯⋯⋯⋯⋯⋯⋯⋯⋯⋯⋯⋯⋯⋯⋯⋯⋯⋯⋯⋯⋯⋯

2023年3月31日現在

事業所名 (所在地)	セグメントの 名称	設備の内容	帳簿価額					従業員数 (人)
			建物 (百万円)	工具、器具 及び備品 (百万円)	ソフト ウェア (百万円)	その他 (百万円)	合計 (百万円)	
本社他(東京都渋谷区他)	全セグメント	ネットワーク関連機器及び業務施設等	4,000	1,662	249	95	6,007	1,163 (76)

(注) 1. 現在休止中の主要な設備はありません。

2. 帳簿価額のうち「その他」は，主に著作権，商標権であります。

3. 従業員数は就業人員であり，臨時雇用者数（パートタイマー，契約社員を含む）は，年間の平均人員を（　）外数で記載しております。

(2) 国内子会社 ⋯⋯⋯⋯⋯⋯⋯⋯⋯⋯⋯⋯⋯⋯⋯⋯⋯⋯⋯⋯⋯⋯⋯⋯⋯

2023年3月31日現在

事業所名 (所在地)	セグメントの 名称	設備の内容	帳簿価額					従業員数 (人)
			建物 (百万円)	工具、器具 及び備品 (百万円)	ソフト ウェア (百万円)	その他 (百万円)	合計 (百万円)	
㈱チャリ・ロト(東京都品川区他)	スポーツ	競輪場施設等	5,527	519	455	2,824	9,327	111 (220)

1. 現在休止中の主要な設備はありません。

2. 帳簿価額のうち「その他」は，主に土地，建設仮勘定，ソフトウェア仮勘定であります。

3. 従業員数は就業人員であり，臨時雇用者数（パートタイマー，契約社員を含む）は，年間の平均人

員を（　）外数で記載しております。

（3）　在外子会社 ···

重要性が乏しいため，記載を省略しております。

3　設備の新設，除却等の計画

（1）　重要な設備の新設等 ···

当連結会計年度末現在における重要な設備投資計画は，以下のとおりであります。

会社名	事業所名 （所在地）	セグメント の名称	設備の内容	投資予定金額		資金調達方法	着手及び完了予定年月		完成後の増加能力
				総額 （百万円）	既支払額 （百万円）		着手	完了	
㈱チャリ・ロト	広島競輪場 （広島県広島市）	スポーツ	競輪場	8,207	0	借入金	2023年4月	2025年6月	－

（注）1.　上記の金額には，消費税等は含まれておりません。

　　　2.　完成後の増加能力につきましては，合理的に算定できないため，記載を省略しております。

（2）　重要な設備の除却等 ···

該当事項はありません。

提出会社の状況

1 株式等の状況

（1） 株式の総数等 ・・

① 株式の総数

種類	発行可能株式総数（株）
普通株式	264,000,000
計	264,000,000

② 発行済株式

種類	事業年度末現在発行数（株）（2023年3月31日）	提出日現在発行数（株）（2023年6月22日）	上場金融商品取引所名又は登録認可金融商品取引業協会名	内容
普通株式	78,230,850	78,230,850	東京証券取引所プライム市場	単元株式数は100株であります。
計	78,230,850	78,230,850	－	－

（注） 提出日現在発行数には，2023年6月1日からこの有価証券報告書提出日までの新株予約権の行使により発行された株式数は含まれておりません。

経理の状況

1. 連結財務諸表及び財務諸表の作成方法について ·······················

（1） 当社の連結財務諸表は，「連結財務諸表の用語，様式及び作成方法に関する規則」（1976年大蔵省令第28号）に基づいて作成しております。

（2） 当社の財務諸表は，「財務諸表等の用語，様式及び作成方法に関する規則」（1963年大蔵省令第59号）に基づいて作成しております。

2. 監査証明について ··

当社は，金融商品取引法第193条の2第1項の規定に基づき，連結会計年度（2022年4月1日から2023年3月31日まで）の連結財務諸表及び事業年度（2022年4月1日から2023年3月31日まで）の財務諸表について，PwCあらた有限責任監査法人により監査を受けております。

3. 連結財務諸表等の適正性を確保するための特段の取組みについて ··········

当社は，連結財務諸表等の適正性を確保するための特段の取組みを行っております。具体的には，会計基準等の内容を適切に把握し，又は会計基準等の変更等について的確に対応することができる体制を整備するため，公益財団法人財務会計基準機構へ加入し，四半期毎に行われる各種セミナーに参加しております。

(1) 連結財務諸表 ···

① 連結貸借対照表

(単位：百万円)

	前連結会計年度 （2022年3月31日）	当連結会計年度 （2023年3月31日）
資産の部		
流動資産		
現金及び預金	118,633	118,922
受取手形及び売掛金	※1 11,580	※1 13,736
営業投資有価証券	14,400	19,514
商品	732	484
未収消費税等	456	10
その他	10,106	10,274
貸倒引当金	△39	△35
流動資産合計	155,871	162,907
固定資産		
有形固定資産		
建物	10,698	10,707
減価償却累計額	△758	△1,182
建物（純額）	※2 9,939	※2 9,525
工具、器具及び備品	5,836	6,433
減価償却累計額	△3,508	△4,206
工具、器具及び備品（純額）	2,328	2,226
土地	※2 2,699	※2 2,699
建設仮勘定	44	643
その他	38	37
減価償却累計額	△37	△18
その他（純額）	1	19
有形固定資産合計	15,012	15,114
無形固定資産		
のれん	10,737	9,806
顧客関連資産	6,316	5,638
商標権	2,737	2,467
その他	2,133	1,498
無形固定資産合計	21,924	19,410
投資その他の資産		
投資有価証券	※3 13,458	※3 10,313
長期貸付金	－	3,405
繰延税金資産	5,620	6,963
その他	6,186	5,353
貸倒引当金	△17	△1,147
投資その他の資産合計	25,247	24,889
固定資産合計	62,184	59,413
資産合計	218,056	222,321

	前連結会計年度 （2022年3月31日）	当連結会計年度 （2023年3月31日）
負債の部		
流動負債		
短期借入金	※2 645	※2 912
未払金	11,660	13,606
未払法人税等	2,503	4,677
未払消費税等	－	1,571
賞与引当金	1,469	2,847
その他	※4 4,569	※4 5,629
流動負債合計	20,847	29,244
固定負債		
長期借入金	※2 7,477	※2 6,873
繰延税金負債	3,002	2,506
その他	672	234
固定負債合計	11,152	9,613
負債合計	32,000	38,857
純資産の部		
株主資本		
資本金	9,698	9,698
資本剰余金	9,656	9,662
利益剰余金	181,278	177,655
自己株式	△18,248	△16,900
株主資本合計	182,385	180,116
その他の包括利益累計額		
その他有価証券評価差額金	471	383
為替換算調整勘定	277	510
その他の包括利益累計額合計	749	893
新株予約権	1,506	1,127
非支配株主持分	1,415	1,324
純資産合計	186,056	183,463
負債純資産合計	218,056	222,321

② 連結損益計算書及び連結包括利益計算書

連結損益計算書

（単位：百万円）

	前連結会計年度 （自 2021年4月1日 至 2022年3月31日）	当連結会計年度 （自 2022年4月1日 至 2023年3月31日）
売上高	※1 122,030	※1 146,867
売上原価	31,710	41,746
売上総利益	90,319	105,121
販売費及び一般管理費	※2 72,510	※2 80,301
営業利益	17,808	24,820
営業外収益		
受取利息	1	10
投資事業組合運用益	27	0
為替差益	80	－
債務勘定整理益	5	－
協賛金収入	43	33
助成金収入	－	32
賞与引当金戻入額	－	33
その他	108	146
営業外収益合計	266	257
営業外費用		
支払利息	61	59
持分法による投資損失	341	※3 6,604
為替差損	－	69
支払手数料	28	7
その他	16	85
営業外費用合計	448	6,826
経常利益	17,626	18,250
特別利益		
固定資産売却益	※4 0	※4 0
負ののれん発生益	145	－
特別利益合計	145	0
特別損失		
解約違約金	※5 190	－
段階取得に係る差損	132	－
事業撤退損	－	※6 4,408
固定資産除売却損	※7 67	※7 72
減損損失	※8 753	※8 508
投資有価証券評価損	591	1
貸倒引当金繰入額	－	1,129
関係会社株式売却損	－	※9 875
特別損失合計	1,736	6,996
税金等調整前当期純利益	16,035	11,254
法人税、住民税及び事業税	6,349	7,147
法人税等調整額	△497	△1,798
法人税等合計	5,852	5,348
当期純利益	10,183	5,905
非支配株主に帰属する当期純利益又は非支配株主に帰属する当期純損失（△）	△79	744
親会社株主に帰属する当期純利益	10,262	5,161

連結包括利益計算書

(単位：百万円)

	前連結会計年度 （自 2021年4月1日 至 2022年3月31日）	当連結会計年度 （自 2022年4月1日 至 2023年3月31日）
当期純利益	10,183	5,905
その他の包括利益		
その他有価証券評価差額金	△541	△93
為替換算調整勘定	86	233
持分法適用会社に対する持分相当額	－	4
その他の包括利益合計	※1　△455	※1　144
包括利益	9,727	6,050
（内訳）		
親会社株主に係る包括利益	9,807	5,305
非支配株主に係る包括利益	△79	744

③　連結株主資本等変動計算書

　前連結会計年度（自　2021年4月1日　至　2022年3月31日）

（単位：百万円）

	株主資本				
	資本金	資本剰余金	利益剰余金	自己株式	株主資本合計
当期首残高	9,698	9,656	178,502	△10,811	187,046
会計方針の変更による累積的影響額			667		667
会計方針の変更を反映した当期首残高	9,698	9,656	179,169	△10,811	187,714
当期変動額					
剰余金の配当			△8,135		△8,135
親会社株主に帰属する当期純利益			10,262		10,262
自己株式の取得				△7,499	△7,499
自己株式の処分		△23		62	38
連結範囲の変動			4		4
利益剰余金から資本剰余金への振替		23	△23		－
非支配株主との取引に係る親会社の持分変動					－
株主資本以外の項目の当期変動額（純額）					－
当期変動額合計	－	－	2,108	△7,437	△5,328
当期末残高	9,698	9,656	181,278	△18,248	182,385

	その他の包括利益累計額			新株予約権	非支配株主持分	純資産合計
	その他有価証券評価差額金	為替換算調整勘定	その他の包括利益累計額合計			
当期首残高	1,013	191	1,205	1,281	56	189,590
会計方針の変更による累積的影響額						667
会計方針の変更を反映した当期首残高	1,013	191	1,205	1,281	56	190,257
当期変動額						
剰余金の配当						△8,135
親会社株主に帰属する当期純利益						10,262
自己株式の取得						△7,499
自己株式の処分						38
連結範囲の変動						4
利益剰余金から資本剰余金への振替						－
非支配株主との取引に係る親会社の持分変動						－
株主資本以外の項目の当期変動額（純額）	△541	86	△455	224	1,358	1,127
当期変動額合計	△541	86	△455	224	1,358	△4,201
当期末残高	471	277	749	1,506	1,415	186,056

当連結会計年度（自　2022年4月1日　至　2023年3月31日）

	株主資本				
	資本金	資本剰余金	利益剰余金	自己株式	株主資本合計
当期首残高	9,698	9,656	181,278	△18,248	182,385
会計方針の変更による累積的影響額					
会計方針の変更を反映した当期首残高	9,698	9,656	181,278	△18,248	182,385
当期変動額					
剰余金の配当			△8,001		△8,001
親会社株主に帰属する当期純利益			5,161		5,161
自己株式の取得				△0	△0
自己株式の処分		△782		1,348	566
連結範囲の変動					−
利益剰余金から資本剰余金への振替		782	△782		−
非支配株主との取引に係る親会社の持分変動		5			5
株主資本以外の項目の当期変動額（純額）					−
当期変動額合計	−	5	△3,622	1,348	△2,268
当期末残高	9,698	9,662	177,655	△16,900	180,116

	その他の包括利益累計額			新株予約権	非支配株主持分	純資産合計
	その他有価証券評価差額金	為替換算調整勘定	その他の包括利益累計額合計			
当期首残高	471	277	749	1,506	1,415	186,056
会計方針の変更による累積的影響額						−
会計方針の変更を反映した当期首残高	471	277	749	1,506	1,415	186,056
当期変動額						
剰余金の配当						△8,001
親会社株主に帰属する当期純利益						5,161
自己株式の取得						△0
自己株式の処分						566
連結範囲の変動						−
利益剰余金から資本剰余金への振替						−
非支配株主との取引に係る親会社の持分変動						5
株主資本以外の項目の当期変動額（純額）	△88	233	144	△378	△90	△324
当期変動額合計	△88	233	144	△378	△90	△2,592
当期末残高	383	510	893	1,127	1,324	183,463

④ 連結キャッシュ・フロー計算書

(単位：百万円)

	前連結会計年度 (自 2021年4月1日 至 2022年3月31日)	当連結会計年度 (自 2022年4月1日 至 2023年3月31日)
営業活動によるキャッシュ・フロー		
税金等調整前当期純利益	16,035	11,254
減価償却費	1,350	1,529
無形固定資産償却費	1,776	1,839
のれん償却額	1,138	1,293
貸倒引当金の増減額（△は減少）	△6	△4
賞与引当金の増減額（△は減少）	△268	1,378
受取利息及び受取配当金	△1	△10
支払利息	61	59
為替差損益（△は益）	△86	△59
持分法による投資損益（△は益）	341	6,604
貸倒引当金繰入額	–	1,129
減損損失	753	508
事業撤退損	–	4,408
段階取得に係る差損益（△は益）	132	–
関係会社株式売却損益（△は益）	–	875
投資有価証券評価損益（△は益）	591	1
負ののれん発生益	△145	–
固定資産除売却損益（△は益）	67	72
売上債権の増減額（△は増加）	272	△2,490
営業投資有価証券の増減額（△は増加）	△1,390	△5,095
棚卸資産の増減額（△は増加）	△461	215
未払金の増減額（△は減少）	993	1,084
未払消費税等の増減額（△は減少）	△1,659	1,768
その他の資産の増減額（△は増加）	△6,586	△6,613
その他	△320	1,076
小計	12,588	20,827
利息の受取額	1	10
利息の支払額	△59	△59
法人税等の支払額	△9,882	△5,027
営業活動によるキャッシュ・フロー	2,647	15,751

	前連結会計年度 （自 2021年4月1日 至 2022年3月31日）	当連結会計年度 （自 2022年4月1日 至 2023年3月31日）
投資活動によるキャッシュ・フロー		
定期預金の預入による支出	－	△19
有形固定資産の取得による支出	△3,306	△1,963
無形固定資産の取得による支出	△588	△586
無形固定資産の売却による収入	27	－
投資有価証券の取得による支出	△13,790	△3,421
貸付けによる支出	－	△1,200
貸付金の回収による収入	0	640
敷金及び保証金の差入による支出	△45	△83
敷金及び保証金の回収による収入	5	61
連結の範囲の変更を伴う子会社株式の取得による支出	※2 △464	※2 △469
連結の範囲の変更を伴う子会社株式の取得による収入	※2 1,362	※2 3
連結の範囲の変更を伴う子会社株式の売却による支出	－	※3 △921
その他	△636	608
投資活動によるキャッシュ・フロー	△17,436	△7,350
財務活動によるキャッシュ・フロー		
短期借入金の純増減額（△は減少）	△499	203
長期借入れによる収入	35	－
長期借入金の返済による支出	△417	△540
自己株式の取得による支出	△7,524	△0
配当金の支払額	△8,134	△8,087
その他	△85	98
財務活動によるキャッシュ・フロー	△16,627	△8,326
現金及び現金同等物に係る換算差額	149	195
現金及び現金同等物の増減額（△は減少）	△31,266	269
現金及び現金同等物の期首残高	149,812	118,433
連結除外に伴う現金及び現金同等物の減少額	△112	－
現金及び現金同等物の期末残高	※1 118,433	※1 118,703

【注記事項】
（連結財務諸表作成のための基本となる重要な事項）

1. 連結の範囲に関する事項 ⋯⋯⋯⋯⋯⋯⋯⋯⋯⋯⋯⋯⋯⋯⋯⋯⋯⋯

（1） 連結子会社の数　　30社 ⋯⋯⋯⋯⋯⋯⋯⋯⋯⋯⋯⋯⋯⋯⋯⋯⋯⋯
　　　主要な連結子会社の名称　株式会社チャリ・ロト
　　　　　　　　　　　　　　　株式会社ネットドリーマーズ

　AAファンド2号投資事業有限責任組合は新規設立により，株式会社CONNECTITは全株式を取得したことにより，当連結会計年度より連結の範囲に含めております。

　また，株式会社PIST6の保有株式の全てを売却したことにより，当連結会計年度より連結の範囲から除外しております。

（2） 非連結子会社の数　　5社 ⋯⋯⋯⋯⋯⋯⋯⋯⋯⋯⋯⋯⋯⋯⋯⋯⋯⋯
　　　株式会社イー・マーキュリー
　　　（連結の範囲から除いた理由）

　株式会社イー・マーキュリー他4社は小規模であり，合計の総資産，売上高，当期純損益（持分に見合う額）及び利益剰余金（持分に見合う額）等は，いずれも連結財務諸表に重要な影響を及ぼしていないため，連結の範囲から除外しております。

2. 持分法の適用に関する事項 ⋯⋯⋯⋯⋯⋯⋯⋯⋯⋯⋯⋯⋯⋯⋯⋯⋯⋯

（1） 持分法適用の関連会社の数　　6社 ⋯⋯⋯⋯⋯⋯⋯⋯⋯⋯⋯⋯⋯⋯
　　　主要な持分法適用会社の名称
　　　ビットバンク株式会社
　　　株式会社ハブ
　　　株式会社デコルテ・ホールディングス

（2） 持分法を適用しない非連結子会社及び関連会社のうち主要な会社等の名称
　　　株式会社イー・マーキュリー

（持分法を適用しない理由）

　株式会社イー・マーキュリー他6社は，当期純損益（持分に見合う額）及び利益剰余金（持分に見合う額）等からみて，持分法の対象から除いても連結財務諸表に及ぼす影響が軽微であるため，持分法の適用範囲から除外しております。

（3）　持分法の適用の手続について特に記載する必要があると認められる事項 ……

　持分法を適用している会社のうち，決算日が異なる会社については，当該会社の事業年度に係る財務諸表を使用しております。

3．連結子会社の事業年度等に関する事項 …………………………………………

　連結子会社のうちScrum Ventures Fund Ⅰ, L.P.他7社の決算日は12月末日，東京フットボールクラブ株式会社の決算日は1月末日，AAファンド投資事業有限責任組合他1社の決算日は2月末日であり，それぞれの決算日の財務諸表を使用しております。なお，連結決算日との間に生じた連結上重要な取引に関しては必要な調整を行っております。また，株式会社千葉ジェッツふなばしの決算日は6月末日でありますが，仮決算に基づく財務諸表を使用しております。

4　会計方針に関する事項 ……………………………………………………………
（1）　重要な資産の評価基準及び評価方法 ………………………………………………
①　有価証券

　その他有価証券（営業投資有価証券を含む）

　市場価格のない株式等以外のもの

　　　時価法（評価差額は全部純資産直入法により処理し，売却原価は移動平均法により算定）を採用しております。

　市場価格のない株式等

　　　主として移動平均法による原価法を採用しております。なお，投資事業組合等への出資持分については，直近の決算日の財務諸表を基礎とし，持分相当額を純額で取込む方法を採用しております。

② 棚卸資産の評価基準及び評価方法

　商品

　　　先入先出法による原価法（貸借対照表価額については，収益性の低下に基づく簿価切下げの方法により算定）を採用しております。

（2）　重要な減価償却資産の減価償却の方法 ·······································

①　有形固定資産（リース資産を除く）

　主に定率法を採用しております。ただし，1998年4月1日以降に取得した建物（建物附属設備を除く）並びに2016年4月1日以降に取得した建物附属設備については定額法を採用しております。なお，主な耐用年数は以下のとおりであります。

　　建物　　　　　　　　　2～50年

　　工具，器具及び備品　　2～20年

②　無形固定資産（リース資産を除く）

　定額法を採用しております。なお，自社利用のソフトウェアについては社内における利用可能期間（5年）に基づいております。また，商標権については経済的耐用年数（5～13年），顧客関連資産については経済的耐用年数（5～18年），その他の無形資産については経済的耐用年数（4～5年）に基づいて償却しております。

③　リース資産

　所有権移転外ファイナンス・リース取引に係るリース資産

　リース期間を耐用年数とし，残存価額を零とする定額法を採用しております。

（3）　重要な引当金の計上基準

①　貸倒引当金

　売上債権等の貸倒による損失に備えるため，一般債権については貸倒実績率により，貸倒懸念債権等特定の債権については，個別に回収可能性を勘案して回収不能見込額を計上しております。

② 賞与引当金

　従業員賞与の支給に備えるため，支給見込額のうち当連結会計年度に負担すべき額を計上しております。

（4）　重要な収益及び費用の計上基準 ··

　当社グループは，以下の5ステップアプローチに基づき，収益を認識しています。

　ステップ1：顧客との契約を識別する

　ステップ2：契約における履行義務を識別する

　ステップ3：取引価格を算定する

　ステップ4：取引価格を契約における履行義務に配分する

　ステップ5：履行義務の充足時に（又は充足するにつれて）収益を認識する

　収益の主要な区分におけるそれぞれの収益認識基準は，以下のとおりです。なお，収益に含まれる値引き，リベート及び返品等の変動対価の金額に重要性はありません。また，約束した対価の金額は，概ね1年以内に受領しており，重要な金融要素は含まれておりません。

①　スマートデバイス向けゲーム「モンスターストライク」等のサービス運営

　当社グループは，スマートデバイス向けゲーム「モンスターストライク」等のサービスを運営しております。顧客との契約における履行義務は，キャラクター等をユーザーが使用できる環境を維持することであると判断しております。そのため，ユーザーがゲーム内通貨である「オーブ」等を消費して入手したキャラクター等の見積り利用期間に亘って収益を認識しております。ただし，ユーザーが継続して使用するキャラクター等は，レアリティが高いものに限定されており，それ以外のキャラクター等に関しては入手後長期間使用されることは稀であります。そのため，収益を入手したキャラクター等の見積り利用期間に亘り認識する場合と「オーブ」等の消費時に認識する場合とでは収益の額に重要な差異は生じないものと判断しております。

　なお，収益認識会計基準等の下では機能的に重要な差異を有しない有償オーブ等と無償オーブ等はそれぞれ等価値であります。そのため消費されたオーブ等が有償か無償かで区分することなく取引価格を配分しております。

② 競馬情報サイト「netkeiba.com」のサービス運営

当社グループは，競馬情報サイト「netkeiba.com」を活用し，有料会員向けの情報や予想家による勝負予想情報「ウマい馬券」を提供するサービスを提供しております。有料会員向けの情報提供定額制サービスに係る収益は，時の経過により履行義務が充足されることから，契約期間にわたって収益を認識しております。「ウマい馬券」に係る収益は，主として当社グループが対象となる情報を提出した時点で履行義務が充足されると判断していることから，情報の引渡時点で収益を認識しております。

③ 競輪・オートレース車券のオンライン投票サイト「チャリロト」及びスポーツベッティングサービス「TIPSTAR」のサービス運営

当社グループは，競輪・オートレース車券のオンライン投票サイト「チャリロト」及びスポーツベッティングサービス「TIPSTAR」を活用し，ユーザーに対してオンライン投票システムを提供しております。当該収益は，レースの開催後に即日に車券の払戻や精算が完了した時点で履行義務が充足されると判断していることから，レースの開催終了日において収益を認識しております。

④ プロスポーツチームの運営

当社グループは，「千葉ジェッツふなばし」及び「FC東京」のプロスポーツチーム運営を行っております。主な収益である広告料収入については，ユニフォーム，試合会場内の看板，その他印刷物を広告媒体として提供しております。広告の掲載・企画が一定期間にわたるものは時の経過に従い履行義務が充足されると判断していることから契約期間等の一定期間にわたって収益を認識しております。また広告が単独の試合・企画のみで掲載する場合は興業時に履行義務が充足されると判断していることから興業終了時の一時点で収益を認識しております。

⑤ 「家族アルバムみてね」のサービス運営

当社グループは，「家族アルバムみてね」を活用し，ユーザーに対してアプリをより便利に利用可能となる月額制サービス「みてねプレミアム」の提供やフォトブック，DVD等の販売を行っております。「みてねプレミアム」については，時の経過により履行義務が充足されることから，契約期間にわたって収益を認識しております。フォトブック，DVD等の販売については，物品をユーザーのもとに

納入した時点で履行義務が充足されると判断していますが，出荷時から当該製品の支配が顧客に移転されるときまでの期間が通常の期間であると判断し，出荷時に収益を認識しております。

⑥　年賀状アプリ「みてね年賀状」のサービス運営

　　当社グループは，年賀状アプリ「みてね年賀状」を活用し，印刷年賀状作成サービスを提供しております。当該収益は，ユーザーからの受注内容に沿って印刷年賀状を製造し，ユーザーのもとに納入することで履行義務が充足されると判断していますが，出荷時から当該製品の支配が顧客に移転されるときまでの期間が通常の期間であると判断し，出荷時に収益を認識しております。

⑦　サロンスタッフ直接予約アプリ「minimo」のサービス運営

　　当社グループは，サロンスタッフ直接予約アプリ「minimo」を活用し，ユーザーに対してサロン予約支援サービスを提供しております。当該収益は，サロン等の掲載者に対する一般消費者からの予約が成立することで履行義務が充足されると判断していることから，一般消費者の来店日において収益を認識しております。

(5)　重要な外貨建の資産又は負債の本邦通貨への換算の基準 ･･････････････････

　　外貨建金銭債権債務は，連結決算日の直物為替相場により円貨に換算し，換算差額は損益として処理しております。なお，在外子会社等の資産及び負債並びに収益及び費用は，連結決算日の直物為替相場により円貨に換算し，換算差額は純資産の部における為替換算調整勘定及び非支配株主持分に含めております。

(6)　のれんの償却方法及び償却期間 ･･････････････････････････････････････

　　効果の発現する期間を個別に見積り，その期間（4〜13年）で均等償却しております。

(7)　連結キャッシュ・フロー計算書における資金の範囲 ･･････････････････････

　　手許現金，随時引き出し可能な預金及び容易に換金可能であり，かつ，価値の変動について僅少なリスクしか負わない取得日から3ヶ月以内に償還期限の到来する短期投資からなっております。

（重要な会計上の見積り）

（営業投資有価証券及び投資有価証券の減損）

　当社グループでは決算日において，営業投資有価証券19,514百万円，投資有価証券10,313百万円を計上しており，そのうち非上場株式等（持分法適用会社を除く）13,659百万円についての減損の検討は，下記のように実施しております。

　非上場株式等の評価については，当該株式等の実質価額又は時価が取得原価と比べて50％程度以上低下した場合に，回復可能性が十分な根拠により裏付けられる場合を除き減損処理を行うこととしております。また，これらの非上場株式について，会社の超過収益力等を反映して，財務諸表から得られる1株当たり純資産額に比べて高い価額で当該会社の株式を取得している場合，超過収益力等が見込めなくなったときには，これを反映した実質価額が取得原価の50％程度以上低下した場合に，減損処理を行うこととしております。

　また，将来の時価の下落又は投資先の業績不振や財政状態の悪化により，現状の帳簿価額に反映されていない損失又は帳簿価額の回収不能が生じ，減損処理が必要となる可能性があります。

（のれん及びその他無形固定資産の減損）

　当社グループは決算日において，のれん，顧客関連資産，商標権及び運営権等17,859百万円を計上しており，減損の検討を行っております。減損の検討は，下記の4段階にて実施しております。

(1)　無形固定資産等の含まれる資産又は資産グループ（以下「資産グループ」）の識別

　　減損が生じている可能性を示す事象（以下「減損の兆候」）は資産グループごとに識別しておりますが，当社ではその決定にあたり，子会社ごとに異なった事業を営んでいることから，子会社ごとにグルーピングを行っております。

(2)　減損の兆候の識別

　　当該資産グループが使用されている営業活動から生ずる損益又はキャッシュ・フローが，継続してマイナスとなっているか，又は，継続してマイナスとなる見込みである場合や，経営環境の悪化を把握した場合等に，減損の兆候

を識別しております。

（3）　減損の認識

　　減損の兆候があった資産グループについては中長期の事業計画等を基礎として割引前将来キャッシュ・フローを算定し，資産グループの帳簿価額を下回る場合には減損損失を認識しております。

（4）　減損の測定

　　減損損失を認識すべきであると判定された資産又は資産グループについては，帳簿価額を回収可能価額まで減額し，当該減少額を減損損失として当期の損失としております。

　　上記17,859百万円のうち，1,352百万円が株式会社千葉ジェッツふなばしの資産グループに属する金額でありますが，営業活動から生ずる損益，キャッシュ・フローが継続してマイナスとなる見込みから，上記（2）に従って減損の兆候を識別いたしました。そこで，（3）にて将来の売上・費用予測や営業利益率等の仮定に基づいて割引前将来キャッシュ・フローを算定した結果，割引前将来キャッシュ・フローが資産グループの帳簿価額を上回ったために（4）には進まず，減損損失の認識は不要と判断いたしました。

　　割引前将来キャッシュ・フローの算定に使用した将来の売上・費用予測や営業利益率等の仮定は，取得時の事業計画をベースに，経営陣により承認された翌連結会計年度の予算に反映している変化点及び将来的に継続する変化点を織り込んだ過去の実績や当社経営陣により承認された事業計画等に基づく最善の見積りと判断により決定しております。これらは事業戦略の変更や市場環境の変化等により影響を受ける可能性があり，仮定の変更が必要となった場合，認識される減損損失の金額に重要な影響を及ぼす可能性があります。

（会計方針の変更）

「時価の算定に関する会計基準の適用指針」（企業会計基準適用指針第31号2021年6月17日。以下「時価算定会計基準適用指針」という。）を当連結会計年度の期首から適用し，時価算定会計基準適用指針第27－2項に定める取扱い

に従って，時価算定会計基準適用指針が定める新たな会計方針を将来にわたって適用することといたしました。なお，当該会計基準等の適用が連結財務諸表に与える影響はありません。

（未適用の会計基準等）
・「法人税，住民税及び事業税等に関する会計基準」（企業会計基準第27号 2022年10月28日）
・「包括利益の表示に関する会計基準」（企業会計基準第25号　2022年10月28日）
・「税効果会計に係る会計基準の適用指針」（企業会計基準適用指針第28号 2022年10月28日）

1．概要
　　その他の包括利益に対して課税される場合の法人税等の計上区分及びグループ法人税制が適用される場合の子会社株式等の売却に係る税効果の取り扱いを定めるもの。

2．適用予定日
　　2025年3月期の期首より適用予定です。

3．当該会計基準等の適用による影響
　　影響額は，当連結財務諸表の作成時において評価中です。

（表示方法の変更）
　　当社グループは，「投資事業」について，取組の強化により投資規模を拡大するとともに，投資活動を主軸とした当社の持続可能な成長への寄与を目的として，当連結会計年度より「投資事業」を主たる事業として独立区分し報告セグメントといたしました。
　　この変更に伴い，財務的リターンを主たる目的として取得した有価証券に係る損益について，従来，受取配当金を営業外収益，売却損益を特別損益，評価損を特別損失とする方法によっておりましたが，当連結会計年度より受取配当金及び売却金額を売上高，売却した有価証券の帳簿価額及び評価損等を売上原価に計

上する方法に変更しております。また，投資事業有限責任組合及びそれに類する組合への出資に係る損益について，従来，持分相当額を純額で営業外損益に計上しておりましたが，当連結会計年度より組合ごとに利益の場合は売上高，損失の場合は売上原価に計上する方法に変更しております。なお，連結貸借対照表上，従来，投資その他の資産の投資有価証券に含めて計上しておりました財務的リターンを主たる目的として取得した有価証券は，当連結会計年度より流動資産の営業投資有価証券として表示しております。この表示方法の変更を反映させるため，前連結会計年度の連結財務諸表の組替えを行っております。

（連結貸借対照表）
　前連結会計年度の連結貸借対照表において，「投資その他の資産」の「投資有価証券」に表示しておりました14,400百万円は，「流動資産」の「営業投資有価証券」に組み替えております。

（連結損益計算書）
　前連結会計年度の連結損益計算書において，「営業外収益」の「投資事業組合運用益」1,128百万円，「受取配当金」10百万円，「特別利益」の「投資有価証券売却益」2,081百万円，「投資有価証券清算益」51百万円，「特別損失」の「投資有価証券売却損」26百万円，「投資有価証券評価損」1,506百万円を組み替えた結果，「売上高」が3,930百万円，「売上原価」が2,191百万円増加しております。

（連結キャッシュ・フロー計算書）
　前連結会計年度の連結キャッシュ・フロー計算書において，「営業活動によるキャッシュ・フロー」の「受取利息及び受取配当金」△10百万円，「投資事業組合運用損益（△は益）」△1,128百万円，「投資有価証券評価損益（△は益）」1,506百万円，「投資有価証券売却損益（△は益）」△2,054百万円，「投資有価証券清算損益（△は益）」△51百万円，「利息の受取額」10百万円及び「投資活動によるキャッシュ・フロー」の「投資有価証券の取得による支出」△5,113百万円，「投

資有価証券の売却による収入」2,473百万円，「投資有価証券の分配による収入」
2,137百万円を「営業活動によるキャッシュ・フロー」の「営業投資有価証券の
増減額（△は増加）」△1,390百万円，「その他」△788百万円及び「投資活動に
よるキャッシュ・フロー」の「その他」△51百万円に組み替えております。

（連結キャッシュ・フロー計算書関係）
　前連結会計年度において，独立掲記しておりました「営業活動によるキャッ
シュ・フロー」の「投資事業組合運用損益（△は益）」は，金額的重要性が乏しく
なったため，当連結会計年度においては「その他」に含めて表示しております。
　また，「投資活動によるキャッシュ・フロー」の「その他」に含めていた「貸付
金の回収による収入」は，金額的重要性が増したため，当連結会計年度より独立
掲記することとしております。
　この結果，前連結会計年度のキャッシュ・フロー計算書において，「営業活動
によるキャッシュ・フロー」の「投資事業組合運用損益（△は益）」に表示してい
た △27百万円は「その他」△27百万として，「投資活動によるキャッシュ・フ
ロー」の「その他」に表示していた0百万円は，「貸付金の回収による収入」0
百万円として組み替えております。

2 財務諸表等

（1） 財務諸表 ···

① 貸借対照表

（単位：百万円）

	前事業年度 （2022年3月31日）		当事業年度 （2023年3月31日）	
資産の部				
流動資産				
現金及び預金	99,779		100,193	
売掛金	※1	8,371	※1	10,873
営業投資有価証券	8,768		11,834	
商品	599		318	
前渡金	※1	238	※1	35
前払費用	※1	2,497	※1	1,835
未収消費税等	288		–	
その他	※1	12,674	※1	12,045
貸倒引当金	△236		△34	
流動資産合計	132,981		137,102	
固定資産				
有形固定資産				
建物	4,802		4,745	
減価償却累計額	△543		△745	
建物（純額）	4,258		4,000	
工具、器具及び備品	5,220		5,418	
減価償却累計額	△3,182		△3,756	
工具、器具及び備品（純額）	2,038		1,662	
建設仮勘定	18		5	
その他	2		0	
減価償却累計額	△0		△0	
その他（純額）	1		0	
有形固定資産合計	6,316		5,668	
無形固定資産				
ソフトウエア	325		249	
その他	540		89	
無形固定資産合計	866		338	
投資その他の資産				
関係会社株式	39,137		34,794	
関係会社社債	1,333		2,666	
出資金	11		111	
関係会社出資金	8,184		10,004	
関係会社長期貸付金	※1	4,104	※1	5,303
破産更生債権等	1		2	
長期前払費用	1,814		1,466	
繰延税金資産	5,579		6,973	
敷金及び保証金	3,297		3,274	
その他	※1	75	※1	49
貸倒引当金	△3,234		△1,586	
投資その他の資産合計	60,306		63,061	
固定資産合計	67,489		69,068	
資産合計	200,470		206,171	

	前事業年度 （2022年3月31日）	当事業年度 （2023年3月31日）
負債の部		
流動負債		
未払金	※1 8,713	※1 10,703
未払費用	11	8
未払法人税等	1,946	4,066
未払消費税等	−	1,134
契約負債	1,168	1,301
預り金	3,385	3,092
賞与引当金	1,338	2,733
ポイント引当金	62	30
その他	0	49
流動負債合計	16,626	23,122
固定負債		
資産除去債務	24	−
長期未払金	588	173
その他	0	1
固定負債合計	613	174
負債合計	17,240	23,297
純資産の部		
株主資本		
資本金	9,698	9,698
資本剰余金		
資本準備金	9,668	9,668
資本剰余金合計	9,668	9,668
利益剰余金		
その他利益剰余金		
オープンイノベーション促進積立金	2,011	2,391
繰越利益剰余金	178,393	176,705
利益剰余金合計	180,405	179,097
自己株式	△18,248	△16,900
株主資本合計	181,524	181,564
評価・換算差額等		
その他有価証券評価差額金	200	181
評価・換算差額等合計	200	181
新株予約権	1,506	1,127
純資産合計	183,230	182,873
負債純資産合計	200,470	206,171

（単位：百万円）

② 損益計算書

（単位：百万円）

	前事業年度 （自 2021年4月1日 至 2022年3月31日）	当事業年度 （自 2022年4月1日 至 2023年3月31日）
売上高	102,598	118,617
売上原価	21,693	25,196
売上総利益	80,905	93,421
販売費及び一般管理費	※1 64,182	※1 67,372
営業利益	16,722	26,048
営業外収益		
受取利息	38	43
為替差益	79	11
債務勘定整理益	5	–
協賛金収入	43	33
関係会社業務受託料	–	24
その他	96	79
営業外収益合計	263	192
営業外費用		
投資事業組合運用損	130	621
支払手数料	22	0
その他	6	40
営業外費用合計	159	662
経常利益	16,827	25,579
特別利益		
固定資産売却益	–	0
貸倒引当金戻入額	–	※2 1,074
その他	0	1
特別利益合計	0	1,075
特別損失		
固定資産除売却損	※3 64	※3 13
減損損失	–	396
関係会社株式評価損	※4 872	※4 6,295
貸倒引当金繰入額	※5 2,456	–
解約違約金	※6 190	
事業撤退損	–	※7 7,530
その他	–	20
特別損失合計	3,584	14,256
税引前当期純利益	13,243	12,398
法人税、住民税及び事業税	5,068	6,307
法人税等調整額	△124	△1,385
法人税等合計	4,943	4,922
当期純利益	8,299	7,476

売上原価明細書

区分	注記番号	前事業年度 （自　2021年4月1日 至　2022年3月31日） 金額（百万円）	構成比 （％）	当事業年度 （自　2022年4月1日 至　2023年3月31日） 金額（百万円）	構成比 （％）
Ⅰ労務費		3,426	17.6	4,356	17.8
Ⅱ経費	※1	16,063	82.4	20,065	82.2
当期総製造費用		19,490	100.0	24,422	100.0
期首商品棚卸高		127		599	
当期商品仕入高		1,039		493	
合計		20,657		25,515	
期末商品棚卸高		599		318	
売上原価		20,058		25,196	

※1.　経費の主な内訳は次のとおりであります。

項目	前事業年度 （自　2021年4月1日 至　2022年3月31日）	当事業年度 （自　2022年4月1日 至　2023年3月31日）
外注費	13,563百万円	16,733百万円
賃借料	1,841百万円	1,946百万円
コンテンツ費用	91百万円	48百万円
減価償却費	248百万円	207百万円

③ 株主資本等変動計算書

前事業年度（自 2021年4月1日 至 2022年3月31日）

（単位：百万円）

	株主資本						
		資本剰余金			利益剰余金		
					その他利益剰余金		
	資本金	資本準備金	その他資本剰余金	資本剰余金合計	オープンイノベーション促進積立金	繰越利益剰余金	利益剰余金合計
当期首残高	9,698	9,668	–	9,668	138	179,459	179,597
会計方針の変更による累積的影響額						667	667
会計方針の変更を反映した当期首残高	9,698	9,668	–	9,668	138	180,126	180,264
当期変動額							
剰余金の配当						△8,135	△8,135
当期純利益						8,299	8,299
自己株式の取得							
自己株式の処分			△23	△23			
オープンイノベーション促進積立金の積立					1,873	△1,873	
利益剰余金から資本剰余金への振替			23	23		△23	△23
株主資本以外の項目の当期変動額（純額）							
当期変動額合計	–	–	–	–	1,873	△1,733	140
当期末残高	9,698	9,668	–	9,668	2,011	178,393	180,405

	株主資本		評価・換算差額等		新株予約権	純資産合計
	自己株式	株主資本合計	その他有価証券評価差額金	評価・換算差額等合計		
当期首残高	△10,811	188,153	525	525	1,281	189,960
会計方針の変更による累積的影響額		667				667
会計方針の変更を反映した当期首残高	△10,811	188,821	525	525	1,281	190,627
当期変動額						
剰余金の配当		△8,135				△8,135
当期純利益		8,299				8,299
自己株式の取得	△7,499	△7,499				△7,499
自己株式の処分	62	38				38
オープンイノベーション促進積立金の積立		–				–
利益剰余金から資本剰余金への振替		–				–
株主資本以外の項目の当期変動額（純額）		–	△325	△325	224	△100
当期変動額合計	△7,437	△7,296	△325	△325	224	△7,397
当期末残高	△18,248	181,524	200	200	1,506	183,230

当事業年度（自　2022年4月1日　至　2023年3月31日）

（単位：百万円）

	株主資本						
	資本金	資本剰余金			利益剰余金		
		資本準備金	その他資本剰余金	資本剰余金合計	その他利益剰余金		利益剰余金合計
					オープンイノベーション促進積立金	繰越利益剰余金	
当期首残高	9,698	9,668	–	9,668	2,011	178,393	180,405
会計方針の変更による累積的影響額							
会計方針の変更を反映した当期首残高	9,698	9,668	–	9,668	2,011	178,393	180,405
当期変動額							
剰余金の配当						△8,001	△8,001
当期純利益						7,476	7,476
自己株式の取得							
自己株式の処分			△782	△782			
オープンイノベーション促進積立金の積立					379	△379	
利益剰余金から資本剰余金への振替			782	782		△782	△782
株主資本以外の項目の当期変動額（純額）							
当期変動額合計	–	–	–	–	379	△1,687	△1,307
当期末残高	9,698	9,668	–	9,668	2,391	176,705	179,097

	株主資本		評価・換算差額等		新株予約権	純資産合計
	自己株式	株主資本合計	その他有価証券評価差額金	評価・換算差額等合計		
当期首残高	△18,248	181,524	200	200	1,506	183,230
会計方針の変更による累積的影響額						–
会計方針の変更を反映した当期首残高	△18,248	181,524	200	200	1,506	183,230
当期変動額						
剰余金の配当		△8,001				△8,001
当期純利益		7,476				7,476
自己株式の取得	△0	△0				△0
自己株式の処分	1,348	566				566
オープンイノベーション促進積立金の積立		–				–
利益剰余金から資本剰余金への振替		–				–
株主資本以外の項目の当期変動額（純額）	–		△18	△18	△378	△397
当期変動額合計	1,348	40	△18	△18	△378	△356
当期末残高	△16,900	181,564	181	181	1,127	182,873

【注記事項】
　（重要な会計方針）
1．有価証券の評価基準及び評価方法 ･･･
（1）　子会社株式及び関連会社株式 ･･
　　移動平均法による原価法を採用しております。

（2）　その他有価証券（営業投資有価証券を含む）･･･････････････････････････
　　市場価格のない株式等以外のもの
　　　　時価法（評価差額は全部純資産直入法により処理し，売却原価は移動平均
　　法により算定）を採用しております。
　　市場価格のない株式等
　　　　移動平均法による原価法を採用しております。
　　　　なお，投資事業組合等への出資持分については，直近の決算日の財務諸表
　　を基礎とし，持分相当額を純額で取込む方法を採用しております。

2．棚卸資産の評価基準及び評価方法 ･･･
　　商品
　　　　先入先出法による原価法（貸借対照表価額については，収益性の低下に基
　　づく簿価切下げの方法により算定）を採用しております。

3．固定資産の減価償却の方法 ･･･
（1）　有形固定資産（リース資産を除く）･････････････････････････････････････
　　定率法を採用しております。ただし，1998年4月1日以降に取得した建物（建
物附属設備を除く）並びに2016年4月1日以降に取得した建物附属設備につい
ては定額法を採用しております。なお，主な耐用年数は以下のとおりであります。
　　建物　　　　　　　　8～50年
　　工具，器具及び備品　2～15年

(2) 無形固定資産 (リース資産を除く)
定額法を採用しております。なお，自社利用のソフトウェアについては社内における利用可能期間 (5年) に基づいております。

(3) リース資産
所有権移転外ファイナンス・リース取引に係るリース資産
リース期間を耐用年数とし，残存価額を零とする定額法を採用しております。

4. 外貨建の資産及び負債の本邦通貨への換算基準
外貨建金銭債権債務は，期末日の直物為替相場により円貨に換算し，換算差額は損益として処理しております。

5. 引当金の計上基準
(1) 貸倒引当金
売上債権等の貸倒による損失に備えるため，一般債権については貸倒実績率により，貸倒懸念債権等特定の債権については，個別に回収可能性を勘案して回収不能見込額を計上しております。

(2) 賞与引当金
従業員賞与の支給に備えるため，支給見込額のうち当事業年度負担額を計上しております。

6. 収益及び費用の計上基準
当社は，以下の5ステップアプローチに基づき，収益を認識しています。
ステップ1：顧客との契約を識別する
ステップ2：契約における履行義務を識別する
ステップ3：取引価格を算定する
ステップ4：取引価格を契約における履行義務に配分する
ステップ5：履行義務の充足時に (又は充足するにつれて) 収益を認識する

当社は，デジタルエンターテインメント事業におきましては，スマートデバイス向けゲーム「モンスターストライク」及び「コトダマン」のサービス運営，スポーツ事業におきましては，スポーツベッティングサービス「TIPSTAR」の運営，ライフスタイル事業におきましては，「家族アルバム　みてね」，年賀状アプリ「みてね年賀状」，サロンスタッフ直接予約アプリ「minimo」のサービス運営を主な事業としております。

　収益の主要な区分におけるそれぞれの収益認識基準は，以下のとおりです。なお，収益に含まれる値引き，リベート及び返品等の変動対価の金額に重要性はありません。また，約束した対価の金額は，概ね1年以内に受領しており，重要な金融要素は含まれておりません。

（1）　スマートデバイス向けゲーム「モンスターストライク」等のサービス運営 …

　当社は，スマートデバイス向けゲーム「モンスターストライク」等のサービスを運営しております。顧客との契約における履行義務は，キャラクター等をユーザーが使用できる環境を維持することであると判断しております。そのため，ユーザーがゲーム内通貨である「オーブ」等を消費して入手したキャラクター等の見積り利用期間に亘って収益を認識しております。ただし，ユーザーが継続して使用するキャラクター等は，レアリティが高いものに限定されており，それ以外のキャラクター等に関しては入手後長期間使用されることは稀であります。そのため，収益を入手したキャラクター等の見積り利用期間に亘り認識する場合と「オーブ」等の消費時に認識する場合とでは収益の額に重要な差異は生じないものと判断しております。

　なお，収益認識会計基準等の下では機能的に重要な差異を有しない有償オーブ等と無償オーブ等はそれぞれ等価値であります。そのため消費されたオーブ等が有償か無償かで区分することなく取引価格を配分しております。

（2）　スポーツベッティングサービス「TIPSTAR」のサービス運営 ……………

　当社は，スポーツベッティングサービス「TIPSTAR」を活用し，ユーザーに対してオンライン投票システムを提供しております。当該収益は，レースの開催後に即日に車券の払戻や精算が完了した時点で履行義務が充足されると判断してい

ることから，レースの開催終了日において収益を認識しております。

(3) 「家族アルバム　みてね」のサービス運営

　当社は，「家族アルバム　みてね」を活用し，ユーザーに対してアプリをより便利に利用可能となる月額制サービス「みてねプレミアム」の提供やフォトブック，DVD等の販売を行っております。「みてねプレミアム」については，時の経過により履行義務が充足されることから，契約期間にわたって収益を認識しております。フォトブック，DVD等の販売については，物品をユーザーのもとに納入した時点で履行義務が充足されると判断していますが，出荷時から当該製品の支配が顧客に移転されるときまでの期間が通常の期間であると判断し，出荷時に収益を認識しております。

(4)　年賀状アプリ「みてね年賀状」のサービス運営

　当社は，年賀状アプリ「みてね年賀状」を活用し，印刷年賀状作成サービスを提供しております。当該収益は，ユーザーからの受注内容に沿って印刷年賀状を製造し，ユーザーのもとに納入することで履行義務が充足されると判断していますが，出荷時から当該製品の支配が顧客に移転されるときまでの期間が通常の期間であると判断し，出荷時に収益を認識しております。

(5)　サロンスタッフ直接予約アプリ「minimo」のサービス運営

　当社は，サロンスタッフ直接予約アプリ「minimo」を活用し，ユーザーに対してサロン予約支援サービスを提供しております。当該収益は，サロン等の掲載者に対する一般消費者からの予約が成立することで履行義務が充足されると判断していることから，一般消費者の来店日において収益を認識しております。

（重要な会計上の見積り）
（営業投資有価証券及び関係会社株式，関係会社社債の減損）
　当社では決算日において，営業投資有価証券11,834百万円，関係会社株式34,794百万円，関係会社社債2,666百万円を計上しており，営業投資有価証券

のうち非上場株式4,034百万円及び関係会社株式，関係会社社債についての減損の検討は，下記のように実施しております。

　株式の実質価額（1株あたりの純資産額に所有株式数を乗じた金額）が取得原価に比べて50％程度以上低下した場合に，回復可能性が十分な根拠により裏付けられる場合を除き減損処理を行うこととしております。また，これらの株式について，会社の超過収益力等を反映して，財務諸表から得られる1株当たり純資産額に比べて高い金額で当該会社の株式を取得している場合，超過収益力等が見込めなくなったときには，これを反映した実質価額が取得原価の50％程度以上低下した場合に，減損処理を行うこととしております。

　また，将来の時価の下落又は投資先の業績不振や財政状態の悪化により，現状の帳簿価額に反映されていない損失又は帳簿価額の回収不能が生じ，減損処理が必要となる可能性があります。

（会計方針の変更）
　「時価の算定に関する会計基準の適用指針」（企業会計基準適用指針第31号 2021年6月17日。以下「時価算定会計基準適用指針」という。）を当事業年度の期首から適用し，時価算定会計基準適用指針第27－2項に定める取扱いに従って，時価算定会計基準適用指針が定める新たな会計方針を将来にわたって適用することといたしました。なお，当該会計基準等の適用が財務諸表に与える影響はありません。

（表示方法の変更）
　当社は，「投資事業」について，取組の強化により投資規模を拡大するとともに，投資活動を主軸とした当社の持続可能な成長への寄与を目的として，当事業年度より「投資事業」を主たる事業として独立区分し報告セグメントといたしました。
　この変更に伴い，財務的リターンを主たる目的として取得した有価証券に係る損益について，従来，受取配当金を営業外収益，売却損益を特別損益，評価損を特別損失とする方法によっておりましたが，当事業年度より受取配当金及び売却金額を売上高，売却した有価証券の帳簿価額及び評価損等を売上原価に計上す

る方法に変更しております。また，投資事業有限責任組合及びそれに類する組合
への出資に係る損益について，従来，持分相当額を純額で営業外損益に計上して
おりましたが，当事業年度より組合ごとに利益の場合は売上高，損失の場合は売
上原価に計上する方法に変更しております。なお，貸借対照表上，従来，投資そ
の他の資産の投資有価証券に含めて計上しておりました財務的リターンを主たる
目的として取得した有価証券は，当事業年度より流動資産の営業投資有価証券と
して表示しております。この表示方法の変更を反映させるため，前事業年度の財
務諸表の組替えを行っております。

（貸借対照表）
　前事業年度の貸借対照表において，「投資その他の資産」の「投資有価証券」に
表示しておりました8,768百万円は，「流動資産」の「営業投資有価証券」に組み
替えております。

（損益計算書）
　前事業年度の損益計算書において，「営業外収益」の「投資事業組合運用益」
798百万円，「特別利益」の「投資有価証券売却益」442百万円，「特別損失」の「投
資有価証券評価損」1,357百万円を組み替えた結果，「売上高」が1,649百万円，
「売上原価」が1,634百万円，「営業外費用」の「組合投資損失」が130百万円増
加しております。

第2章

情報通信・IT業界の "今"を知ろう

企業の募集情報は手に入れた。しかし，それだけでは
まだ不十分。企業単位ではなく，業界全体を俯瞰する
視点は，面接などでもよく問われる重要ポイントだ。
この章では直近1年間の運輸業界を象徴する重大
ニュースをまとめるとともに，今後の展望について言
及している。また，章末には運輸業界における有名企
業（一部抜粋）のリストも記載してあるので，今後の就
職活動の参考にしてほしい。

▶▶人をつなぐ，世界をつなぐ

情報通信・IT 業界の動向

> 「情報通信・IT」は，情報通信や情報技術に関わる業界である。
> 時代は「パソコン」から，スマートフォン，タブレット端末といっ
> た「モバイル」へとシフトしている。

❖ IT情報サービスの動向

　情報技術 (IT) の適用範囲は，さまざまな企業や職種，そして個人へと加速度的に広がっている。2022年の国内IT市場規模は，前年比3.3％増の6兆734億円となった。ITサービス事業者の業務にリモートワークが定着し，停滞していた商談やプロジェクト，サービス提供が回復したことが要因と見られる。

　引き続きスマートフォンが市場を牽引しているが，今後，海外市場での需要の高まりなどを背景に，設備投資を拡大する組立製造，電力自由化において競争力強化を行う電力／ガス事業，eコマース (EC) がSNSを中心とした新たなチャネルへ移行している情報サービスなどで，高い成長率が期待される。

　また，クラウド化やテレワーク対応などのデジタルトランスフォーメーション (DX) 需要がコロナ禍において急増，コロナ後も需要は継続している。

●グローバルな再編が進むIT企業

　新しいツールを駆使したビジネスにおいて，進化の早い技術に対応し，標準的なプラットフォームを構築するためにも，グローバル化は避けて通れない道である。2016年，世界第3位のコンピューターメーカーの米Dellが，ストレージ（外部記憶装置）最大手のEMCを約8兆円で買収した。この巨大買収によって誕生した新生Dellは，仮想化ソフト，情報セキュリティ，クラウド管理サービスなど事業領域を大幅に拡大する。国内企業では，システム構築で業界トップのNTTデータが，2016年3月にDellのITサービ

ス部門を買収した。買収額は約3500億円で，NTTグループでは過去3番目の大型買収である。NTTデータは，2000年代後半から国内市場の成長鈍化を見据えて，欧米を中心にM＆Aを展開してきた。過去12年間で約6000億円を投じ，50社以上を買収したことで，2006年3月期に95億円だった海外売上高は2018年3月期には9080億となっている。同期の全売上高は2兆1171億円で，半分近くを海外での売上が占めている。また，NTTグループは2016年から，産業ロボット大手のファナックとも協業を開始している。ファナックは，製造業のIoT（Internet of Things＝すべてのもののインターネット化）を実現するためのシステム開発を進めており，この運用開始に向けて，ビジネスの拡大をともに目指している。

　ソフトバンクグループもまた，2016年に約3.3兆円で，英半導体設計大手のARMを買収した。日本企業による海外企業買収では，過去最大の規模となる。ARMは，組み込み機器やスマートフォン向けCPUの設計で豊富な実績を持つ企業であり，この買収の狙いも「IoT」にある。あらゆるものをインターネットに接続するためには，携帯電話がスマホになったように，モノ自体をコンピューター化する必要がある。近い将来, IoTが普及すれば, ARM系のCPUがあらゆるものに搭載される可能性につながっていく。

●IoT，ビッグデータ，AI —— デジタル変革の波

　IT企業のグローバル化とともに，近年注目を集めているのが「デジタルトランスフォーメーション（デジタル変革）」である。あらゆる情報がIoTで集積され，ビッグデータやAI（人工知能）を駆使して新たな需要を見出し，それに応える革新的なビジネスモデルが次々と登場している。

　2022年から2023年にかけて話題をさらったのは，米オープンAI社による「チャットGPT」だった。AIによる自然で高度な会話に大きな注目が集まった。米マイクロソフトは2023年1月にオープンAIへの1兆円規模の追加融資を発表。チャットGPTを組み込んだ検索や文章作成などの新サービスを次々と発表した。

　生成AIは従来のAIに比べて性能が飛躍的に向上。前出の文章作成に加え，プログラミングやAIアートなど，その用途は多岐にわたる。今後は生成AIを活用した業務・サービス改善にも注目が集まる。

●サービスのトレンドは，シェアリングエコノミー

　シェアリングエコノミーとは，インターネットを通じて個人や企業が保有

している使っていない資産の貸し出しを仲介するサービスのこと。たとえば，自動車を複数人で利用する（ライドシェア），空き家や駐車場，オフィスを有効活用する（スペースシェア）などがある。

米国のウーバーが提供しているのは「自動車を利用したい人」と「自動車を所有していて空き時間のある人」をマッチングする配車・カーシェアリングサービス。サービスはアプリに集約されており，GPSで利用者の位置情報を把握して，配車する。車の到着時間といった情報もスマートフォンを通して的確に伝えられる。ウーバーには，2017年にソフトバンクが出資しており，2018年10月にはソフトバンクとトヨタ自動車が新しいモビリティサービスの構築に向けた提携で合意，新会社も設立した。国内のライドシェアサービスには，オリックス自動車や三井不動産レアルティなど，駐車場やレンタカー事業を運営していた大手企業も参入している。

スペースシェアとしては，家の有効活用として，民泊サービスで有名なエアービー・アンド・ビーがある。このほかにも，駐車場のシェアサービスが，パーク24といった駐車場大手企業も参加して始まっている。また，フリマアプリの「メルカリ」やヤフーオークションも，不要物の再活用という意味でモノのシェアといえる。モノをシェア/再活用するニーズは，若者を中心に広がっており，小売大手の丸井グループがブランドバッグのシェアサービス「Laxus」と事業提携するなど，今後，成長が期待できる分野といえる。

❖ 通信サービスの動向

携帯通信業界は，自前の回線を有するNTTドコモ，KDDI（au），ソフトバンクの3社（キャリア）を中心に伸びてきた。総務省によれば，日本の携帯電話の契約数は2022年3月の時点で2億302万件となっている。スマホの普及により，高齢者や10代の利用者が増加しており，市場としては，引き続き右肩上がりの成長となっている。しかし，その一方で，たとえばソフトバンク全体の事業において，国内の固定・携帯電話で構成される国内通信事業の売上高は，すでに4割を割っている。NTTグループでも，NTTデータとNTT都市開発の売上高が，全体の2割にまで伸びており，ITサービスカンパニーとして軸足を海外事業に移している。KDDIもまた，住友商事と共にモンゴルやミャンマーで携帯事業に参入してトップシェアを獲得す

るなど，海外進出を拡大させている。国内の通信事業は成熟期を迎えており，今後，契約件数の伸びが期待できないなか，大手3社は新たな収益の実現に向けて，事業領域を拡大する段階に入っている。

●楽天モバイル「0円プラン」廃止で競争激化

　総務省は，2016年よりNTTドコモ，KDDI（au），ソフトバンクの携帯大手に対して，高止まりしているサービス料金の引き下げを目的に，スマートフォンの「実質0円販売」の禁止など，さまざまな指導を行ってきた。2019年10月施行の改正電気通信事業法では，通信契約を条件とする2万円以上の端末値引きが禁じられるとともに，途中解約への違約金上限も大幅に下げられた。

　なかでも有効な政策となっているのが，格安スマホ業者（MVNO）への支援である。MVNOは，通信インフラを持つ大手3社の回線を借りて，通信や通話サービスを提供する事業者のこと。総務省の後押しなどもあり，MVNOの事業者数は2019年3月の時点で1000社を超えた。また，利用者も着実に増えており，調査会社MM総研によると，格安スマホの契約回線数は，2020年3月末には1500万件を超えた。

　モバイル市場全体に占める割合を順調に伸ばしてきたMVNOだが，ここにきてやや苦戦が見られる。大手キャリアが投入する格安プランの好調により，割安感の低下が響いたことが原因に挙げられる。話題となった「0円プラン」が廃止となり，顧客離れの影響を大きく受けた楽天モバイルは，KDDI回線のデータ使用量を無制限にした「Rakuten 最強プラン」を2023年6月に開始したが，巻き返しには至っていない。

●IoTへの対応を見据えた5G

　技術面で注目を集めているのが，2020年に商用化された次世代通信規格の5Gである。5Gは，現行の4Gに比べ，大容量，同時多接続，低遅延・高信頼性，省電力・低コストといった特徴がある。IoTの普及に必須のインフラ技術とされており，これまでの通信規格に求められてきたものに加え，将来期待されるさまざまなサービスへの対応も求められている。低遅延化・高信頼性については，たとえば，自動車の自動運転のような安全・確実性が求められるサービスにおいては必須の要件となる。また，同時多接続は，今後，携帯電話だけでなく，IoTで接続される機器の爆発的な増加が予想されることから，4Gの100倍の接続数が求められている。

キャリア各社はすでに，コンテンツサービスの拡充，ロボットの遠隔操作，自動運転などの実証実験を進めている。MVNOに対して，スマートフォン向け回線サービスは提供されたとしても，すべてのサービスが対象となるかは不透明といえる。5Gの普及によって，キャリアの携帯ゆえに享受できるサービスが大きく進化すれば，料金の安さでMVNOを選択している利用者の判断にも影響が出る可能性もある。

❖ eコマース（EC）市場の動向

インターネットを通じて商品やサービスを売買する「eコマース」（EC）は順調に拡大しており，経済産業省の発表では，2021年の消費者向け（BtoC）電子商取引の市場規模は20兆6950億円となった。

市場を牽引してきたのは，楽天とアマゾン，そして，YahooやZOZOを傘下に抱えるZホールディングスである。楽天やZホールディングスは企業や個人の出品者に売り場を提供する「モール型」，アマゾンは自社で商品を仕入れる「直販型」が主流だったが，近年はアマゾンも「モール型」のビジネスを取り入れている。また，会費制の「アマゾン プライム」では，映画や音楽の無料視聴，写真データの保存など，多くのサービスを展開している。2017年4月からは生鮮食品を扱う「アマゾン フレッシュ」を開始，ネットスーパー業界にも進出した。楽天は米ウォルマートと業務提携し，ネットスーパーを開始するほか，朝日火災海上保険（楽天損害保険）や仮想通貨交換業のみんなのビットコインを買収するなど，通販以外の分野にも投資を続けている。Zホールディングスは21年3月には　LINEを経営統合。両者の顧客基盤を掛け合わせた新たなサービスを模索し，国内首位を目指している。

コロナ禍の巣篭もり特需で，3社とも売上を大きく伸ばした。利用習慣の定着化により，中小企業や個人の販売も拡大している。

●フリマアプリの躍進と越境ECの伸長

フリマアプリでは「メルカリ」が国内で強さを誇る。メルカリは，個人間（CtoC）による物品売買を行うスマホアプリとして，2013年7月に国内サービスを開始した。誰でも簡単にスマホで売りたいものを撮影して，マーケットプレイスに出品できる手軽さと，個人情報を知られずに取引を完了できるといったきめ細かいサービスが爆発的人気の背景にある。しかし，新型

コロナウイルスによる巣ごもり特需が終了し，EC市場に逆風が吹いたこともあり，やや伸び悩みが見られる。2022年の6月期決算では売上高は1470億円と前年比38.6％増となったが，営業利益はマイナス37億と赤字決算になってしまった。

「越境EC」といわれる海外向けのネット通販も，市場を拡大している。中国ではモバイル端末の普及が進み，中国インターネット情報センター（CNNIC）の発表では2020年6月時点でネット利用者は9億人とされている。2019年の中国国内EC売上高は約204兆円に達し，越境ECも10兆円を超えている。2014年に，中国最大のECサイト・アリババが海外業者向けの「天猫国際」を開設した。現在，メーカーから流通，小売まで，多くの日本企業が出店し，大きな成果を上げている。にサービスを開始し，2016年，2017年には中国における越境ECのトップシェアを獲得している。同社は，2017年には日本支社も設立，認知拡大，商品の仕入れ活動を本格化させている。経済産業省によると，2017年度の中国人による越境ECを通じた日本からの購入金額は1兆2978億円だった。日本の事業者にとって，越境ECの利用は，海外に直接出店するリスクがなく，マーケットは広がり，初期投資を抑えながら海外進出を狙えるメリットがある。

情報通信・IT 業界

直近の業界各社の関連ニュースを
ななめ読みしておこう。

Google、生成AIで企業需要開拓　Microsoftに対抗

米グーグルが文章や画像を自動で作る生成AI（人工知能）で企業需要の開拓に本腰を入れる。生成AIを組み込んだサービスを開発するための基盤を整え、コストを左右する半導体の自社開発も強化する。企業向けで先行する米マイクロソフトに対抗し、早期の投資回収につなげる。

グーグルのクラウドコンピューティング部門で最高経営責任者（CEO）を務めるトーマス・クリアン氏が日本経済新聞の取材に応じた。同氏は「経済が不安定で一部の企業がIT（情報技術）投資を減速させる一方、AIを使って業務を自動化するプロジェクトが増えてきた」と述べた。

同社はクラウド部門を通じて企業に生成AI関連のサービスを提供する。クリアン氏はサービス開発に使う大規模言語モデルなどの種類を増やし、企業が目的に応じて選べるようにすることが重要だと指摘した。自社開発に加え外部からも調達する方針で、米メタや米新興企業のアンソロピックと連携する。

半導体の調達や開発も強化する。AI向けの画像処理半導体（GPU）を得意とする米エヌビディアとの関係を強め、同社の最新モデル「GH200」を採用する。一方、自社開発も強化し、学習の効率を従来の2倍に高めた「TPU」の提供を始めた。クリアン氏は人材採用などにより開発体制をさらに強化する考えを示した。

グーグルは生成AIを使った米ハンバーガーチェーン大手、ウェンディーズの受注システムの開発を支援したほか、米ゼネラル・モーターズ（GM）と車載情報システムへの対話AIの組み込みで協力している。企業による利用を増やすため、「成果を上げやすいプロジェクトを一緒に選定し、コストなどの効果を測定しやすくする」（クリアン氏）としている。

大手企業に加えて、伸び代が大きい新興企業の取り込みにも力を入れる。クリアン氏は生成AI分野のユニコーン企業の70%、外部から資金提供を受けたAI

新興企業の50%が自社の顧客であると説明した。グーグルのサービスを使うと学習や推論の効率を2倍に高められるといい、「資金の制約が大きい新興勢の支持を受けている」と説明した。

生成AIの企業向けの提供では米オープンAIと資本・業務提携し、同社の技術を利用するマイクロソフトが先行した。同社のサティア・ナデラCEOは4月、「すでにクラウド経由で2500社が利用し、1年前の10倍に増えた」と説明している。グーグルも企業のニーズにきめ細かく応えることで追い上げる。

生成AIの開発と利用に欠かせない高性能のGPUは奪い合いとなっており、価格上昇も著しい。この分野で世界で約8割のシェアを握るエヌビディアの2023年5～7月期決算は売上高が前年同期比2倍、純利益が9倍に拡大した。生成AI開発企業にとっては先行投資の負担が高まる一方で、株式市場では「投資回収の道筋が明確ではない」といった声もある。グーグルやマイクロソフトなどのIT大手にも早期の収益化を求める圧力が強まっており、安定した取引が見込める企業需要の開拓が課題となっている。

各社が生成AIの投資回収の手段として位置付けるクラウド分野では、世界シェア首位の米アマゾン・ドット・コムをマイクロソフトが追い上げている。グーグルは3番手が定着しているが、クリアン氏は「(生成AIで業界構図が)変わる。将来を楽観している」と述べた。長年にわたって世界のAI研究をリードしてきた強みを生かし、存在感を高める考えだ。

(2023年9月3日　日本経済新聞)

Apple、日本拠点40周年　アプリ経済圏460億ドルに

米アップルは8日、アプリ配信サービス「アップストア」経由で提供された日本の商品やサービスの売上高が2022年に計460億ドル（約6兆5500億円）にのぼったと発表した。今年6月に拠点設立から丸40年を迎えた日本で、アップルの存在感は大きい。一方で規制強化の動きなど逆風もある。

ティム・クック最高経営責任者（CEO）は「我々は日本のものづくりの匠（たくみ）の技とデザインが持つ付加価値などについて話し合っている。記念すべき40周年を共に祝えて誇りに思う」とコメントを出した。日本の「アプリ経済圏」の460億ドルのうち、小規模な開発業者の売り上げは20～22年に32%増えたという。

1976年に故スティーブ・ジョブズ氏らが創業したアップル。7年後の83年6

月に日本法人を設けた。それまでは東レなどがパソコン「アップル2」の販売代理店を担い、日本法人の立ち上げ後も一時はキヤノン系が販売を請け負った。2003年には海外初の直営店を東京・銀座に開店し、今は福岡市や京都市などに10店舗を構える。

もともとジョブズ氏は禅宗に通じ、京都を好むなど日本に明るいことで知られた。ソニーを尊敬し、創業者の盛田昭夫氏が死去した1999年のイベントでは盛田氏の写真をスクリーンに映して「新製品を彼に喜んでほしい」と追悼の意を表した。

01年に携帯音楽プレーヤー「iPod」を発売すると、「ウォークマン」やCDの規格で主導していたソニーから音楽業界の主役の座を奪った。日本の家電メーカーにとっては驚異的な存在だったとも言える。

アップルから見ると、日本は製造・販売両面で重要拠点だ。主力スマートフォン「iPhone」で国内の電子部品市場は拡大し、1000社近い巨大なサプライチェーン（供給網）を築いた。「アプリ関連やサプライヤーで100万人を超える日本の雇用を支えている。過去5年間で日本のサプライヤーに1000億ドル以上を支出した」と説明する。

販売面では一人勝ち状態が続く。調査会社MM総研（東京・港）によると、22年のスマホの国内シェアはアップルが約49％と半分に迫り、携帯電話シェアで12年から11年連続で首位に立つ。タブレットのシェアも約50％、スマートウオッチも約60％にのぼる。

「爆発的に普及するとは全く思わなかった」。ジョブズ氏と縁のあった孫正義氏が率いていたソフトバンクが「iPhone3G」を独占販売する際、他の通信大手幹部は「冷ややかな目で見ていた」と振り返る。だが、iPhone人気でソフトバンクは新規顧客を集め、通信業界の勢力図を塗り替えた。11年にはKDDI、13年にNTTドコモが追随し、後に政府から批判される値引き競争や複雑な料金プランにつながっていく。

日本の存在感の大きさはアップルの決算発表にも表れる。資料では毎回、米州、欧州、中華圏、日本、その他アジア太平洋地域という5つの地域別売上高を開示する。単体の国として分けているのは日本だけで、米テクノロジー大手では珍しい。

最近は陰りも見える。足元の日本の売上高は前年同期比11％減で、売上高全体における比率は6％にとどまった。円安や値引き販売の抑制などが理由だが、アップル関係者からは「製造も販売も我々は既にインドを見ている」という声も上がる。

アプリ経済圏の先行きも不透明だ。政府のデジタル市場競争会議は6月、他社が運営する代替アプリストアをアップルが受け入れるよう義務付けるべきだと指摘した。販売減少や規制強化といった逆風を越えられるか――。次の40年に向けた新たな施策が求められる。

（2023年8月8日　日本経済新聞）

初任給、建設・ITで大幅増　若手確保に企業奔走

初任給を大幅に引き上げる企業が相次いでいる。2023年度の初任給伸び率ランキングをみると建設や運輸業界、情報ソフト、通信業界での引き上げが目立つ。新型コロナウイルス禍から経済活動が正常化に進む中、若手確保に動く企業が多いようだ。

日本経済新聞社が実施した23年度の採用計画調査をもとに大卒初任給の前年度比伸び率ランキングを作成。調査は4月4日までに主要企業2308社から回答を得た。

首位は商業施設の設計・施工などを手掛けるラックランドで30.7%増の26万6600円だった。初任給の引き上げは16年ぶりだ。加えて入社4年目まで基本給を底上げするベースアップ（ベア）を毎年3%実施する。施工管理者から営業、設計、メンテナンスまで幅広い人材獲得を目指す。

背景にあるのが年々増す採用の厳しさだ。人事担当者は「22年度は内定辞退が増え採用目標数を割った」と言う。引き上げ後の初任給は全業界平均22万8471円を大きく上回った。6月に解禁した24年卒の採用活動では社長面談の時期を早めるなど学生の獲得策を強化しており、「内定承諾のペースは昨年と比べると速い」という。

石油精製・販売の三愛オブリも大卒初任給を24.9%引き上げ26万円とした。同社は23年度に手当の一部を基本給に組み入れる賃金制度の改定で全社員の基本給が大幅増となった。空港の給油施設運営などを手掛けるなかで空港内作業者の初任給も同水準で引き上げており「採用に弾みをつけたい」とする。

航海士など特殊な技術や知識を要する人材も奪い合いだ。業種別の初任給伸び率ランキングで首位だった海運は業界全体で6.7%増と大幅に伸ばした。なかでもNSユナイテッド海運は大卒初任給で21.1%増の26万3700円。2年連続で初任給を引き上げた。

ゲームなどを含む情報ソフトや金融関連、通信業界なども初任給引き上げが顕

著だ。IT（情報技術）エンジニア確保が目的だ。実際、企業ランキング２位は
スクウェア・エニックス・ホールディングス。全社員の給与も平均10％引き
上げており、「物価高騰に加え新たに優秀な人材の獲得強化を見込む」とする。

実はゲーム業界に初任給引き上げドミノが起きている。バンダイナムコエン
ターテインメントは22年度に大卒初任給を前年度比25％上げて29万円とし
た。カプコンなども22年度に実施。23年度にはスクウェア・エニックスに加
え任天堂が１割増の25万6000円とした。中堅ゲーム会社幹部は「（優秀な人
材の）つなぎ留めのために賃上げをしないと、他社に流出してしまう」と危機
感を隠さない。

金融も初任給の引き上げが目立った。三井住友銀行は初任給を16年ぶりに引
き上げ、大卒で24.4％増の25万5000円とした。スマホ金融などの強化に
必要なデジタル人材はあらゆる業界で奪い合いになっている。

三井住友銀に続き、みずほフィナンシャルグループは24年に５万5000円、
三菱UFJ銀行も同年に５万円、それぞれ初任給を引き上げることを決めている。
ネット専業銀行や地方銀行も相次ぎ初任給引き上げに走っている。

一方、初任給の伸びが低かったのが鉄鋼業界。前年比ほぼ横ばいだった。初任
給は春季労使交渉で決まる場合が多く、鉄鋼大手は効率化などを目的に交渉を
２年に１度としている。23年は労使交渉がなかったことが影響したとみられる。
倉庫・運輸関連は前年比0.9％増、水産や自動車・部品が１％増となった。例
年に比べれば高い賃上げ率だが、各業界とも初任給の全体平均額を下回ってい
る。

過去にも人手不足感が高まると、初任給を引き上げる傾向が強まった。しかし
23年は企業の焦りが感じられる。初任給伸び率が2.2％増となり、10年以降
で最大の伸び率となっているのだ。24年度以降の持続性もカギとなりそうだ。
法政大学の山田久教授は「全体の賃金上昇傾向が続くかは経済の情勢次第で不
透明感が残るが、初任給引き上げ競争は今後も続くだろう」とみる。少子高齢
化で若年労働人口が減る中、企業はIT人材から現場労働者まで若手の採用力
強化が必須となっている。　　　　　　　　　　（2023年６月18日　日本経済新聞）

NVIDIAとTSMC、生成AIに専用半導体　年内投入へ

半導体設計大手の米エヌビディアと半導体受託生産首位の台湾積体電路製造
（TSMC）が、生成AI向けの専用半導体を年内に投入する。AIが回答を導き出

す過程の速度を前世代品に比べて最大12倍にする。半導体は「新型コロナウイルス特需」の反動で市況が悪化するなか、米台の2強が次の成長分野でリードを固める。

「（AI向け半導体の）需要は非常に強い。サプライチェーン（供給網）のパートナーとともに増産を急いでいる」

エヌビディアのジェンスン・ファン最高経営責任者（CEO）は30日、台北市内で記者会見し、生成AI向け市場の成長性を強調した。台湾出身のファン氏は同日開幕したIT（情報技術）見本市「台北国際電脳展」（コンピューテックス台北）に合わせて訪台した。

エヌビディアはAI分野で広く使われる画像処理半導体（GPU）を手掛け、AI向け半導体で世界シェア8割を握る。「Chat（チャット）GPT」に代表される対話型の生成AIの急速な進化を受け、AIのデータ処理に特化した専用半導体を年内に投入する。

エヌビディアが設計した半導体をTSMCが量産する。AIが質問への回答を導き出す「推論」のスピードを前世代品に比べて最大12倍に速める。

生成AIサービスの多くは、データセンターのサーバー上で開発・運用されている。GPUは膨大なデータをAIに学ばせて回答の精度を上げていく「学習」と、利用者から質問などを受けてAIが答えを導く「推論」の両方に使われる。

特にエヌビディアのGPUは「（AI用途への）最適化が進んでおり、大きな先行者優位がある」（台湾調査会社トレンドフォースの曾伯楷アナリスト）。

チャットGPTを開発した米新興オープンAIは、サービス開発に約1万個のGPUを用いているとされる。トレンドフォースは技術の高度化に伴い、今後は一つのサービスを開発・運用するのに3万個以上のGPUが必要になると予測する。

ゲームや動画編集に使われる一般的なGPUは市販価格が1個10万円以下のものもあるが、AI向け高性能GPUは100万円を優に超える。需要が伸びれば市場全体へのインパクトも大きい。

独調査会社スタティスタは、生成AIがけん引するAI向け半導体の市場規模が、2028年に21年比で12倍の1278億ドル（約18兆円）に急拡大すると予測する。半導体市場全体が22年時点で80兆円規模だったのと比べても存在感は大きい。

エヌビディアを支えるのは、半導体の量産技術で世界トップを走るTSMCだ。新たに投入する生成AI向け半導体を含め、AI向け高性能GPUを独占的に生産する。

両社の関係は1990年代半ばに遡る。創業間もないエヌビディアは、生産委託先の確保に苦しんでいた。台湾出身のファンCEOが頼ったのは当時、半導体受託生産で躍進しつつあったTSMC創業者の張忠謀(モリス・チャン)氏だった。

張氏が電話で直接交渉に応じ、両社の取引がスタートしたという。以後30年近くにわたり、TSMCはゲームからパソコン、AI向けに至る幅広い製品を供給してきた。

近年はAI向け半導体の性能向上の鍵を握る「パッケージング技術」の開発で関係を深めている。異なる機能を持つ複数の半導体を一つのパッケージに収め、効率よく連動させる技術だ。

エヌビディアは2010年代中盤にいち早く同技術をGPUに採用。量産技術を開発するTSMCと二人三脚で、性能向上を実現してきた。

生成AI向け半導体の開発競争は激化が見込まれる。米グーグルや米アマゾン・ドット・コムといったIT大手が、独自に半導体の設計に乗り出している。両社ともエヌビディアの大口顧客だが、自前の半導体開発によってサービスの差別化やコスト低減を狙う。

そのIT大手も半導体の生産は外部委託に頼らざるを得ない。エヌビディアとTSMCの緊密な関係は、今後の競争で有利に働く可能性がある。

20年〜22年前半にかけて好調が続いた世界の半導体市場は、足元で厳しい状況にある。コロナ特需の反動でパソコンやスマホ、ゲーム機などの販売が落ち込み、全体的な市況の回復は24年になるとの見方が強い。TSMCは23年12月期通期に前の期比で減収(米ドルベース)を見込む。

生成AIはスマホなどに代わる半導体市場のけん引役となることが期待される。TSMCの魏哲家CEOは4月中旬の記者会見で「AI向けの需要は強く、業績成長の原動力となる」と強調した。

ファン氏も30日の記者会見で「我々は間違いなく、生成AIの新時代の始まりにいる」と述べ、業界が大きな成長局面に入りつつあると指摘した。生成AIの進化を支える製品を供給できるかが、市場全体の成長を左右する。

(2023年5月30日 日本経済新聞)

5G網整備へ技術者争奪 携帯電話大手4社、14%増員

高速通信網を整備する技術者の争奪が激しい。携帯大手4社は2022年3月

末に技術者を前年同期比14％増やした。転職者の平均年収も新型コロナウイルス禍のときと比較して2割上昇した。足元ではIT（情報技術）・通信エンジニアの転職求人倍率は全体を大きく上回っている。

高速通信規格「5G」の利用区域を広げるため需要は高まる。通信基盤を支える人材の不足が続けば日本のデジタル化に響きかねない。

総務省の調査によると、携帯大手4社の無線従事者や保守などの技術者数は22年3月末時点で計3万5400人だった。

企業ごとに定義の異なる部分はあるものの、前年同期比の伸び率は楽天モバイルが最大の34％増の3500人。次いでソフトバンクが28％増の1万800人、NTTドコモが7％増の1万2100人、KDDIが5％増の8800人と続いた。

5Gの通信速度は4Gの最大100倍で遅延したときの影響は10分の1に低下するとされる。スマートシティーや自動運転、工場機器の遠隔制御などに生かせば、新たなビジネスにつながる。

30年ごろには次世代の6Gへの移行が始まる見込みだが、技術革新とともに複雑なネットワーク構築を求められる。

ソフトバンクの担当者は「災害対策に加えて、5G基地局の整備のために技術者を増やしている」と説明する。KDDIも基地局の保守・運用に関わる技術者の需要は引き続き大きいとみる。

新型コロナで社会のデジタル化の要請が高まり、通信業界の技術者不足は厳しさを増す。KDDIなどで大規模な通信障害が相次いだことも通信網の重要性を意識させた。

人材サービス大手のエン・ジャパンによると、エンジニアが転職した際の22年の平均年収は新型コロナで底となった20年比19％増の519万円だった。

同社で通信業界を担当する星野玲氏は「通信業界は人材獲得が難しい。売り手市場で適正水準を上回る年収を示す事例が多い」と話す。従来は700万円程度が上限だったが、いまは900万円ほどに上がっているという。

携帯大手が求めるネットワーク技術者の22年の求人数は20年より45％増えた。パーソルキャリアの転職サービスのdoda（デューダ）によると、足元の23年2月のIT・通信エンジニアの転職求人倍率は10.19倍で、全体の2.15倍を上回った。

問題はこうした需要をまかなうだけの人材がいないことだ。経済産業省は30年に国内で最大79万人のIT人材が不足すると予測する。

政府は電力・ガス、道路、鉄道などのインフラ点検で規制を緩和し、ドローンや人工知能（AI）の導入を促す。通信でも保守・運用を自動化すれば余剰人員

を競争分野に振り向けることができる。

稲田修一早大教授は「通信業界は他分野に比べて省人化が進んでいるとは言えない」として改善が不可欠だと指摘する。

総務省によると、5Gの全国人口カバー率は22年3月末時点で93%とまだ行き渡っていない。新型コロナで露呈したデジタル化の遅れを取り戻すためにも、5G網づくりを急ぐ必要がある。

（2023年4月19日　日本経済新聞）

IT業界特化のSNSアプリ　HonneWorks

企業の平均年収をまとめたウェブサイトを運営するHonneWorks（ホンネワークス、神奈川県茅ケ崎市）は、IT（情報技術）業界で働く会社員向けに特化したSNS（交流サイト）アプリの提供を始める。利用者は匿名で参加できるが、ホンネワークスが職場のメールアドレスから勤務先を確認する点が特徴。信頼度の高い情報の交換につなげ、転職希望者に役立ててもらう。事業拡大に備え、ベンチャーキャピタル（VC）のゼロイチキャピタルなどからJ-KISS型新株予約権方式で約3000万円を調達した。

（2023年3月7日　日本経済新聞）

ITエンジニア、転職年収2割増　製造業や金融で引き合い

IT（情報技術）エンジニアについて、製造業や金融など非IT系の事業会社に転職した際の年収の上昇が目立つ。2022年までの2年間で2割上がり、エンジニア全体の平均を上回った。デジタルトランスフォーメーション（DX）化などを背景に、社内のシステム構築などの業務が増えた。IT業界以外の企業は、社内にITに詳しい人材が少ない。即戦力となる経験者を中心に高い年収を提示し獲得を急いでいる。

東京都在住の30代男性は、22年12月にITシステムの開発企業から鋼材系メーカーの社内システムエンジニア（SE）に転職した。自社のITインフラの整備をしている。転職で年収は50万円ほど上がった。

以前はクライアント先のシステム開発を担当していた。自社のシステムは利用者からの反応なども確認しやすく、やりがいを感じるという。

人材サービス大手のエン・ジャパンによると、同社の運営する人材紹介サービス「エン エージェント」を通じて決まったITエンジニアの転職のうち、非IT企業の初年度年収（転職決定時、中央値）は22年が516万円。ITエンジニア全体（511万円）を上回る。

上昇率も同様だ。非IT企業は新型コロナウイルスの感染が広がった20年に比べ95万円（22.6％）高い。ITエンジニア全体（21.4％）に比べ、伸びの勢いが目立つ。

背景にあるのが新型コロナ禍を契機とした、IT人材の不足だ。パーソルキャリア（東京・千代田）の転職サービスのdoda（デューダ）のまとめでは、22年12月のIT・通信エンジニアの中途採用求人倍率は12.09倍。全体（2.54倍）を大きく上回った。経済産業省は30年に日本で最大79万人のIT人材が不足すると予測する。

新型コロナの感染拡大で非IT系業種も含め、ビジネス現場のデジタル化が加速した。リモートでの就業環境を整えるだけでなく、経営の中にデジタル化をどう位置づけ推進するのかといった課題が生まれた。

既存システムの安定稼働やメンテナンスといったコロナ禍前からの業務に加え、リモート化や各種セキュリティー強化に取り組む人材が必要になった。

経営管理の観点からは、中長期のIT戦略投資の立案や社内の人材育成も求められるようになった。5年以上のIT実務の経験者や、経営を視野に入れITプロジェクトを進められるミドル層の需要が高まった。特に非IT系業種はこうした人材資源がIT企業に比べ薄く、中途採用を活用せざるを得ない。

dodaによると、22年10〜12月期のITエンジニアの新規求人のうち、年収が700万円以上の件数は35％だった。19年同期の19％から16ポイント増えた。大浦征也doda編集長は「事業会社は経験者を採用できなければ競合に後れを取るとの意識がある」としたうえで「採用基準を下げるのではなく、賃金を引き上げてでも人材を獲得しようという動きが強まった」とみる。

中途採用をいかしデジタル関連業務の内製化を進めることで、コストの削減も期待できる。クレディセゾンは19年にITエンジニアの中途採用を始め、20年以降も即戦力となる30〜40代を中心に獲得を進める。同社は「内製した案件の開発コストは外部依頼の場合と比べ、21〜22年度の累計で約6割削減できる見通し」と説明する。

（2023年2月8日　日本経済新聞）

▶ 労働環境

職種：代理店営業　　年齢・性別：20代後半・男性

- 以前は年功序列の風潮でしたが，今は実力主義になってきています。
- 会社への利益貢献ができ，上司の目に留まれば出世は早いでしょう。
- 自己PRが上手で，失敗・成功に関わらず原因分析できることが重要。
- 上司の目に留まらなければ，芽が出ないまま転職する人も。

職種：システムエンジニア　　年齢・性別：20代後半・男性

- 転勤が本当に多く，それは女性も例外ではありません。
- 入社時に「総合職は転勤があるが大丈夫か？」と確認されます。
- 3〜7年で異動になりますが，その都度転勤の可能性があります。
- 家庭を持っている人や家を持っている人は単身赴任になることも。

職種：法人営業　　年齢・性別：30代前半・男性

- 残業は月に20時間程度で，ワークライフバランスがとりやすいです。
- 休日出勤はほとんどなく，1年に数回あるかどうかです。
- 有給休暇はしっかりと取れるので，休暇の計画は立てやすいです。
- 子どもの各種行事に積極的に参加している人も周りに多くいます。

職種：営業アシスタント　　年齢・性別：20代前半・女性

- 全体的にかなり風通しの良い職場です。
- 飲み会や遊びの計画が多く，社員同士の仲はとても良いです。
- 社員の年齢層は比較的若めで，イベント好きな人が多い印象です。
- 東京本社の場合，ワンフロアになっており全体が見渡せる作りです。

▶福利厚生

職種：代理店営業　　年齢・性別：20代後半・男性

・独身のうちは社宅（寮）に入ることができます。
・社宅は多少年数が経っていますが，きれいな物が多いです。
・家賃もかなり安くて，住宅補助についてはかなり満足できます。
・住宅補助以外にも，保養施設や通勤補助は非常に充実しています。

職種：法人営業　　年齢・性別：20代前半・男性

・多くの企業のスポンサーのため，各種チケットをもらえたりします。
・某有名遊園地の割引券も手に入ります。
・住居手当，育児休暇など福利厚生全般はかなり充実しています。
・通常の健康診断以外にも人間ドックを無料で受けることができます。

職種：マーケティング　　年齢・性別：20代後半・男性

・各種福利厚生は充実しており，なかでも住宅補助は手厚いです。
・社宅は借り上げで月1～2万円で，家賃10万以上の物件に住めます。
・社宅住まいの場合，年収に換算すると年100万弱の手当となります。
・健康診断・人間ドック，フィットネスなども利用できます。

職種：ネットワーク設計・構築　　年齢・性別：30代後半・男性

・福利厚生は充実しており，有給休暇は2年目から年20日もらえます。
・夏季休暇は5日，年末年始は6日の休暇が付与されます。
・労働組合が強いため，サービス残業はなく，残業代は全額出ます。
・残業時間は，職場にもよりますが，月20～30時間程度かと思います。

▶仕事のやりがい

職種：営業マネージャー　　年齢・性別：40代後半・男性

・大規模な通信インフラの構築や保守に力を入れています。
・通信業界の技術進歩は目覚ましいものがあり，夢があります。
・数年後にどんなサービスができるか予想できない面白さがあります。
・人々の日常生活に欠かせないものに携われるやりがいがあります。

職種：販促企画・営業企画　　年齢・性別：20代後半・男性

・企画部門では若手でもやりがいのある大きな仕事を任されます。
・関わる部門や担当が多岐にわたる場合，調整が大変なことも。
・事務系社員は2～3年毎にジョブローテーションがあります。
・常に自身のキャリアパスをしっかり考えておくことが重要です。

職種：法人営業　　年齢・性別：30代前半・男性

・やった分だけ成果としてあらわれるところが面白いです。
・チームプレイの難しさはありますが，勉強になることが多いです。
・自分個人で考える部分とチームで動くところのバランスが大切。
・お客様に革新的な製品を常に提案できるのは素晴らしいと思います。

職種：経営企画　　年齢・性別：20代前半・男性

・良くも悪くも完全に社長トップダウンの会社です。
・会社の成長度に関しては日本随一だと思います。
・日々学ぶことが多く，熱意をもって取り組めば得るものは大きいです。
・驚くぐらい優秀な人に出会えることがあり，非常に刺激になります。

▶ ブラック？ホワイト？

職種：ネットワークエンジニア　　年齢・性別：30代後半・男性

- 会社全体のコミュニケーションが弱く，情報共有がされにくいです。
- 会社のどこの部署が何を行っているかわかりません。
- 分野が違う情報は同期などのツテを頼って芋づる式に探す有様です。
- 製品不具合情報等の横展開もほとんどなく，非常に効率が悪いです。

職種：代理店営業　　年齢・性別：20代後半・男性

- 殿様商売と世間では言われていますが，まさにその通り。
- 過去の遺産を食いつぶしているような経営方針で不安になります。
- 消費者の声はほぼ届かず，上からの声だけ受け入れている感じです。
- 40代後半の上層部はかなりの保守派で，時代の流れに抗っています。

職種：プロジェクトリーダー　　年齢・性別：30代前半・男性

- 裁量労働制なので，残業代はありません。
- みなし労働時間は，月35時間残業相当の専門職手当が支払われますが，その範囲で業務が収まるわけがなく，長時間の残業が発生します。
- 残業前提のプロジェクト計画で黒字を目論む企業体質は健在です。

職種：システムエンジニア　　年齢・性別：20代後半・男性

- 裁量労働制が導入されてからは残業が常態化しています。
- 定時で帰ろうものなら「あれ？　何か用事？」と言われます。
- 以前は45時間以上残業する際は申請が必要なほどでしたが，裁量労働制導入後は残業が75時間を越えても何も言われません。

▶女性の働きやすさ

職種：代理店営業　　年齢・性別：30代前半・男性

・女性の労働環境がかなり整っている会社だと思います。
・出産時に一旦休み，復帰してくるケースは多いです。
・復帰後も時間短縮勤務ができるため，退職する女性は少ないです。
・会社側は女性の活用について，今後も更に取り組んでいくようです。

職種：システムエンジニア　　年齢・性別：20代前半・男性

・住宅手当など，既婚者が働きやすい環境づくりに力を入れています。
・産休・育休など社内の既婚者はほとんど活用されているようですが，
　実力主義という点はどうしてもあるので覚悟は必要です。
・産休・育休で仕事ができなくなる人は，部署移動や給与にも影響。

職種：社内SE　　年齢・性別：20代後半・女性

・産休，育休を使う人も多く，女性にはとても良い環境だと思います。
・外部講師を招き，女性の環境向上のためのセミナーなどもあります。
・会社として女性の待遇にとても力を入れているのを感じます。
・年配の上司によっては，差別的な見方の方もまだ若干いますが。

職種：システムエンジニア　　年齢・性別：20代後半・女性

・課長，部長，統括部長，事業部長に，それぞれ女性が就いています。
・育児休暇制度が整っていて，復帰して働く女性が年々増えています。
・時短勤務になるため男性に比べて出世は遅くなるようです。
・子育てをしながら管理職に昇進できる環境は整っています。

▶今後の展望

職種：営業　　年齢・性別：30代前半・男性

- 国内市場は飽和状態のため，海外へ行くしかないと思いますが，経営陣に難があるためグローバル進出は難しいかもしれません。
- アジアを中心に市場開拓していますが，先行きは不透明です。
- 金融事業は好調のため，引き続き当社の主軸となるでしょう。

職種：サービス企画　　年齢・性別：20代後半・男性

- 事業規模が非常に大きく，現在は非常に安定しています。
- 国内に閉じた事業内容なので，今後の伸びしろは微妙かと。
- 海外進出の計画もあるようですが，目立った動きはまだありません。
- 業種的にグローバル展開の意義はあまりないのかもしれません。

職種：新規事業・事業開発　　年齢・性別：20代後半・男性

- 携帯事業以外の新規事業を模索している段階です。
- OTTプレーヤーと言われる企業に勝るサービスの創出に難航中。
- 今までの成功体験や仕事のやり方からの脱却がカギだと思います。
- グローバル化にも程遠く，海外志向の人にはオススメできません。

職種：営業　　年齢・性別：20代後半・男性

- 安定した収益基盤があり，しばらくは安定して推移すると思います。
- 通信をベースに，周辺の事業領域が拡大する余地もあると思います。
- 今後は海外展開（特にアジア圏）を積極的に進めていくようです。
- 日本市場が今後縮小していく中，海外展開は大きなカギになります。

情報通信・IT 業界　国内企業リスト（一部抜粋）

会社名	本社住所
NEC ネッツエスアイ株式会社	文京区後楽 2-6-1 飯田橋ファーストタワー
株式会社システナ	東京都港区海岸 1 丁目 2 番 20 号 汐留ビルディング 14F
デジタルアーツ株式会社	東京都千代田区大手町 1-5-1 大手町ファーストスクエア ウエストタワー 14F
新日鉄住金ソリューションズ 株式会社	東京都中央区新川二丁目 20-15
株式会社コア	東京都世田谷区三軒茶屋一丁目 22 番 3 号
株式会社ソフトクリエイト ホールディングス	東京都渋谷区渋谷 2 丁目 15 番 1 号 渋谷クロスタワー
IT ホールディングス株式会社	東京都新宿区西新宿 8-17-1 住友不動産新宿グランド タワー 21F（総合受付 14F）
ネオス株式会社	東京都千代田区神田須田町 1-23-1 住友不動産神田ビル 2 号館 10F
株式会社電算システム	岐阜県岐阜市日置江 1 丁目 58 番地
グリー株式会社	東京都港区六本木 6-10-1 六本木ヒルズ森タワー
コーエーテクモ ホールディングス株式会社	神奈川県横浜市港北区箕輪町 1 丁目 18 番 12 号
株式会社三菱総合研究所	東京都千代田区永田町二丁目 10 番 3 号
株式会社ボルテージ	東京都渋谷区恵比寿 4-20-3　恵比寿ガーデンプレイス タワー 28 階
株式会社 電算	長野県長野市鶴賀七瀬中町 276-6
株式会社 ヒト・コミュニケーションズ	東京都豊島区東池袋 1-9-6
株式会社ブレインパッド	東京都港区白金台 3-2-10 白金台ビル
KLab 株式会社	東京都港区六本木 6-10-1 六本木ヒルズ森タワー
ポールトゥウィン・ピットクルー ホールディングス株式会社	東京都新宿区西新宿 2-4-1　新宿 NS ビル 11F
株式会社イーブック イニシアティブジャパン	東京都千代田区神田駿河台 2-9 KDX 御茶ノ水ビル 7F
株式会社 ネクソン	東京都中央区新川二丁目 3 番 1 号
株式会社アイスタイル	東京都港区赤坂 1-12-32 号 アーク森ビル 34 階
株式会社 エムアップ	東京都渋谷区渋谷 2-12-19 東建インターナショナルビル本館 5 階

会社名	本社住所
株式会社エイチーム	名古屋市西区牛島町 6 番 1 号 名古屋ルーセントタワー 36F
株式会社ブロードリーフ	東京都品川区東品川 4-13-14 グラスキューブ品川 8F
株式会社ハーツユナイテッド グループ	東京都港区六本木六丁目 10 番 1 号 六本木ヒルズ森タワー 34 階
株式会社ドワンゴ	東京都中央区銀座 4-12-15 歌舞伎座タワー
株式会社ベリサーブ	東京都新宿区西新宿 6-24-1 西新宿三井ビル 14 階
株式会社マクロミル	東京都港区港南 2-16-1 品川イーストワンタワー 11F
株式会社ティーガイア	東京都渋谷区恵比寿 4-1-18
株式会社豆蔵ホールディングス	東京都新宿区西新宿 2-1-1 新宿三井ビルディング 34 階
テクマトリックス株式会社	東京都港区高輪 4 丁目 10 番 8 号 京急第 7 ビル
GMO ペイメントゲートウェイ 株式会社	東京都渋谷区道玄坂 1-14-6 渋谷ヒューマックスビル（受付 7 階）
株式会社ザッパラス	東京都渋谷区渋谷 2 丁目 12 番 19 号 東建インターナショナルビル
株式会社インターネット イニシアティブ	東京都千代田区神田神保町 1-105 神保町三井ビルディング
株式会社ビットアイル	東京都品川区東品川 2-5-5 HarborOne ビル 5F
株式会社 SRA ホールディングス	東京都豊島区南池袋 2-32-8
株式会社朝日ネット	東京都中央区銀座 4-12-15 歌舞伎座タワー 21 階
パナソニック インフォメーション システムズ株式会社	大阪府大阪市北区茶屋町 19 番 19 号
株式会社フェイス	京都市中京区烏丸通御池下る虎屋町 566-1 井門明治安田生命ビル
株式会社野村総合研究所	東京都千代田区丸の内 1-6-5　丸の内北口ビル
サイバネットシステム株式会社	東京都千代田区神田練塀町 3 番地 富士ソフトビル
株式会社インテージ ホールディングス	東京都千代田区神田練塀町 3 番地 インテージ秋葉原ビル
ソースネクスト株式会社	東京都港区虎ノ門 3-8-21　虎ノ門 33 森ビル 6 階
株式会社クレスコ	東京都港区港南 2-15-1 品川インターシティ A 棟 25 階〜 27 階
株式会社フジ・メディア・ ホールディングス	東京都港区台場二丁目 4 番 8 号
株式会社 オービック	東京都中央区京橋 2 丁目 4 番 15 号

会社名	本社住所
TDC ソフトウェア エンジニアリング株式会社	東京都渋谷区代々木 3-22-7 新宿文化クイントビル
ヤフー株式会社	東京都港区赤坂 9-7-1 ミッドタウン・タワー
トレンドマイクロ株式会社	東京都渋谷区代々木 2-1-1　新宿マインズタワー
日本オラクル株式会社	東京都港区北青山 2-5-8
株式会社アルファシステムズ	川崎市中原区上小田中 6 丁目 6 番 1 号
フューチャーアーキテクト 株式会社	東京都品川区大崎 1-2-2 アートヴィレッジ大崎セントラルタワー
株式会社シーエーシー	東京都中央区日本橋箱崎町 24 番 1 号
ソフトバンク・テクノロジー 株式会社	東京都新宿区西五軒町 13-1　飯田橋ビル 3 号館
株式会社トーセ	京都市下京区東洞院通四条下ル
株式会社オービックビジネス コンサルタント	東京都新宿区西新宿六丁目 8 番 1 号 住友不動産新宿オークタワー 32F
伊藤忠テクノソリューションズ 株式会社	東京都千代田区霞が関 3-2-5　霞が関ビル
株式会社アイティフォー	東京都千代田区一番町 21 番地 一番町東急ビル
株式会社 東計電算	神奈川県川崎市中原区市ノ坪 150
株式会社　エックスネット	東京都新宿区荒木町 13 番地 4　住友不動産四谷ビル 4 階
株式会社大塚商会	東京都千代田区飯田橋 2-18-4
サイボウズ株式会社	東京都文京区後楽 1-4-14 後楽森ビル 12F
ソフトブレーン株式会社	東京都中央区八重洲 2-3-1 住友信託銀行八重洲ビル 9 階
株式会社アグレックス	東京都新宿区西新宿 2 丁目 6 番 1 号 新宿住友ビル
株式会社電通国際情報サービス	東京都港区港南 2-17-1
株式会社 EM システムズ	大阪市淀川区宮原 1 丁目 6 番 1 号 新大阪ブリックビル
株式会社ウェザーニューズ	千葉県千葉市美浜区中瀬 1-3 幕張テクノガーデン
株式会社 CIJ	神奈川県横浜市西区平沼 1-2-24　横浜 NT ビル
ネットワンシステムズ株式会社	東京都千代田区丸の内二丁目 7 番 2 号　JP タワー
株式会社アルゴグラフィックス	東京都中央区日本橋箱崎町 5-14 アルゴ日本橋ビル
ソフトバンク株式会社	東京都港区東新橋 1-9-1

第**3**章

就職活動のはじめかた

入りたい会社は決まった。しかし「就職活動とはそもそも何をしていいのかわからない」「どんな流れで進むかわからない」という声は意外と多い。ここでは就職活動の一般的な流れや内容，対策について解説していく。

▶就職活動のスケジュール

3月	**4月**	**6月**

就職活動スタート

2025年卒の就活スケジュールは,経団連と政府を中心に議論され,2024年卒の採用選考スケジュールから概ね変更なしとされている。

エントリー受付・提出

企業の説明会には積極的に参加しよう。独自の企業研究だけでは見えてこなかった新たな情報を得る機会であるとともに,モチベーションアップにもつながる。また,説明会に参加した者だけに配布する資料などもある。

OB・OG訪問

合同企業説明会　　　個別企業説明会

筆記試験・面接試験等始まる(3月~)

内々定(大手企業)

2月末までにやっておきたいこと

就職活動が本格化する前に,以下のことに取り組んでおこう。
　　◎自己分析　◎インターンシップ　◎筆記試験対策
　　◎業界研究・企業研究　◎学内就職ガイダンス
自分が本当にやりたいことはなにか,自分の能力を最大限に活かせる会社はどこか。自己分析と企業研究を重ね,それを文章などにして明確にしておき,面接時に最大限に活用できるようにしておこう。

7月　　　　　**8月**　　　　　**10月**

中 小 企 業 採 用 本 格 化

内定者の数が採用予定数に満た
ない企業，1年を通して採用を継
続している企業，夏休み以降に採
用活動を実施企業（後期採用）は
採用活動を継続して行っている。
大企業でも後期採用を行っている
こともあるので，企業から内定が
出ても，納得がいかなければ継続
して就職活動を行うこともある。

中小企業の採用が本格化するのは大手
企業より少し遅いこの時期から。HP
などで採用情報をつかむとともに，企
業研究も怠らないようにしよう。

内々定とは10月1日以前に通知（電話等）
されるもの。内定に関しては現在協定があり，
10月1日以降に文書等にて通知される。

内々定（中小企業）　　　内定式（10月～）

どんな人物が求められる？

多くの企業は，常識やコミュニケーション能力があり，社会のできごと
に高い関心を持っている人物を求めている。これは「会社の一員とし
て将来の企業発展に寄与してくれるか」という視点に基づく，もっとも
普遍的な選考基準だ。もちろん，「自社の志望を真剣に考えているか」
「自社の製品，サービスにどれだけの関心を向けているか」という熱
意の部分も重要な要素になる。

就活ロールプレイ！

　就職活動のスタート

内定までの道のりは，大きく分けると以下のようになる。

自 己 分 析

↓

企 業 研 究

↓

エントリーシート・筆記試験・面接

↓

内　定

01 まず自己分析からスタート

就職活動とは，「企業に自分をPRすること」。自分自身の興味，価値観に加えて，強み・能力という要素が加わって，初めて企業側に「自分が働いたら，こういうポイントで貢献できる」と自分自身を売り込むことができるようになる。

■**自分の来た道を振り返る**

自己分析をするための第一歩は，「振り返ってみる」こと。

小学校，中学校など自分のいた"場"ごとに何をしたか（部活動など），何を学んだか，交友関係はどうだったか，興味のあったこと，覚えている印象的なことを書き出してみよう。

■**テストを受けてみる**

"自分では気がついていない能力"を客観的に検査してもらうことで，自分に向いている職種が見えてくる。下記の5種類が代表的なものだ。

①職業適性検査　　②知能検査　　③性格検査

④職業興味検査　　⑤創造性検査

■先輩や専門家に相談してみる

　就職活動をするうえでは，"いかに他人に自分のことをわかってもらうか"が重要なポイント。他者の視点で自分を分析してもらうことで，より客観的な視点で自己PRができるようになる。

自己分析の流れ
❏過去の経験を書いてみる ❏現在の自己イメージを明確にする…行動，考え方，好きなものなど。 ❏他人から見た自分を明確にする ❏将来の自分を明確にしてみる…どのような生活をおくっていたいか。期待，夢，願望。なりたい自分はどういうものか，掘り下げて考える。→自己分析結果を，志望動機につなげていく。

企業の情報を収集する

01 企業の絞り込み

　志望企業の絞り込みについての考え方は大きく分けて2つある。

　第1は，同一業種の中で1次候補，2次候補……と絞り込んでいく方法。

　第2は，業種を1次，2次，3次候補と変えながら，それぞれに2社程度ずつ絞り込んでいく方法。

　第1の方法では，志望する同一業種の中で，一流企業，中堅企業，中小企業，縁故などがある歯止めの会社……というふうに絞り込んでいく。

　第2の方法では，自分が最も望んでいる業種，将来好きになれそうな業種，発展性のある業種，安定性のある業種，現在好況な業種……というふうに区別して，それぞれに適当な会社を絞り込んでいく。

02 情報の収集場所

・キャリアセンター

・新聞

・インターネット

・企業情報

『就職四季報』（東洋経済新報社刊），『日経会社情報』（日本経済新聞社刊）などの企業情報。この種の資料は本来"株式市場"についての資料だが，その時期の景気動向を含めた情報を仕入れることができる。

・経済雑誌

『ダイヤモンド』（ダイヤモンド社刊）や『東洋経済』（東洋経済新報社刊），『エコノミスト』（毎日新聞出版刊）など。

・OB・OG／社会人

①成長力

　まず"売上高"。次に資本力の問題や利益率などの比率。いくら資本金があっても，それを上回る膨大な借金を抱えていて，いくら稼いでも利払いに追われまくるようでは，成長できないし，安定できない。

　成長力を見るには自己資本率を割り出してみる。自己資本を総資本で割って100を掛けると自己資本率がパーセントで出てくる。自己資本の比率が高いほうが成長力もあり安定度も高い。

　利益率は純利益を売上高で割って100を掛ける。利益率が高ければ，企業はどんどん成長するし，社員の待遇も上昇する。利益率が低いということは，仕事がどんなに忙しくても利益にはつながらないということになる。

②技術力

　技術力は，短期的な見方と長期的な展望が必要になってくる。研究部門が適切な規模か，大学など企業外の研究部門との連絡があるか，先端技術の分野で開発を続けているかどうかなど。

③経営者と経営形態

　会社が将来，どのような発展をするか，または衰退するかは経営者の経営哲学，経営方針によるところが大きい。社長の経歴を知ることも必要。創始者の息子，孫といった親族が社長をしているのか，サラリーマン社長か，官庁などからの天下りかということも大切なチェックポイント。

④社風

　社風というのは先輩社員から後輩社員に伝えられ，教えられるもの。社風もいろいろな面から必ずチェックしよう。

⑤安定性

　企業が成長しているか，安定しているかということは車の両輪。どちらか片方の回転が遅くなっても企業はバランスを失う。安定し，しかも成長する。これが企業として最も理想とするところ。

⑥待遇

　初任給だけを考えてみても，それが手取りなのか，基本給なのか。基本給というのはボーナスから退職金，定期昇給の金額にまで響いてくる。また，待遇というのは給与ばかりではなく，福利厚生施設でも大きな差が出てくる。

■そのほかの会社比較の基準

1. ゆとり度

　休暇制度は，企業によって独自のものを設定しているところもある。「長期休暇制度」といったものなどの制定状況と，また実際に取得できているかどうかも調べたい。

2. 独身寮や住宅設備

　最近では，社宅は廃止し，住宅手当を多く出すという流れもある。寮や社宅についての福利厚生は調べておく。

3. オフィス環境

　会社に根づいた慣習や社員に対する考え方が，意外にオフィスの設備やレイアウトに表れている場合がある。

　たとえば，個人の専有スペースの広さや区切り方，パソコンなどOA機器の設置状況，上司と部下の机の配置など，会社によってずいぶん違うもの。玄関ロビーや受付の様子を観察するだけでも，会社ごとのカラーや特徴がどこかに見えてくる。

4. 勤務地

　転勤はイヤ，どうしても特定の地域で生活していきたい。そんな声に応えて，最近は流通業などを中心に，勤務地限定の雇用制度を取り入れる企業も増えている。

---

column　初任給では分からない本当の給与

　会社の給与水準には「初任給」「平均給与」「平均ボーナス」「モデル給与」など，判断材料となるいくつかのデータがある。これらのデータからその会社の給料の優劣を判断するのは非常に難しい。

　たとえば中小企業の中には，初任給が飛び抜けて高い会社がときどきある。しかしその後の昇給率は大きくないのがほとんど。

　一方，大手企業の初任給は業種間や企業間の差が小さく，ほとんど横並びと言っていい。そこで，「平均給与」や「平均ボーナス」などで将来の予測をするわけだが，これは一応の目安とはなるが，個人差があるので正確とは言えない。

04 就職ノートの作成

■決定版「就職ノート」はこう作る

　1冊にすべて書き込みたいという人には,ルーズリーフ形式のノートがお勧め。会社研究，スケジュール，時事用語，OB／OG訪問，切り抜きなどの項目を作りインデックスをつける。

　カレンダー，説明会，試験などのスケジュール表を貼り，とくに会社別の説明会，面談，書類提出，試験の日程がひと目で分かる表なども作っておく。そして見開き2ページで1社を載せ,左ページに企業研究,右ページには志望理由,自己PRなどを整理する。

就職ノートの主なチェック項目

- ❏企業研究…資本金，業務内容，従業員数など基礎的な会社概要から，過去の採用状況，業務報告などのデータ
- ❏採用試験メモ…日程，条件，提出書類，採用方法，試験の傾向など
- ❏店舗・営業所見学メモ…流通関係，銀行などの場合は，客として訪問し，商品（値段，使用価値，ユーザーへの配慮），店員（接客態度,商品知識,熱意，親切度），店舗（ショーケース，陳列の工夫，店内の清潔さ）などの面をチェック
- ❏OB／OG訪問メモ…OB／OGの名前，連絡先，訪問日時，面談場所，質疑応答のポイント，印象など
- ❏会社訪問メモ…連絡先，人事担当者名，会社までの交通機関，最寄り駅からの地図，訪問のときに得た情報や印象，訪問にいたるまでの経過も記入

　「OB／OG訪問」は，実際は採用予備選考開始。まず，OB／OG訪問を希望したら，大学のキャリアセンター，教授などの紹介で，志望企業に勤める先輩の手がかりをつかむ。もちろん直接電話なり手紙で，自分の意向を会社側に伝えてもいい。自分の在籍大学，学部をはっきり言って，「先輩を紹介していただけないでしょうか」と依頼しよう。

参考 ▶ ## OB／OG訪問時の質問リスト例

●**採用について**
- ・成績と面接の比重
- ・採用までのプロセス（日程）
- ・面接は何回あるか
- ・面接で質問される事項　etc.
- ・評価のポイント
- ・筆記試験の傾向と対策
- ・コネの効力はどうか

●**仕事について**
- ・内容（入社10年, 20年のOB/OG）
- ・希望職種につけるのか
- ・残業，休日出勤，出張など
- ・新入社員の仕事
- ・やりがいはどうか
- ・同業他社と比較してどうか　etc.

●**社風について**
- ・社内のムード
- ・仕事のさせ方　etc.
- ・上司や同僚との関係

●**待遇について**
- ・給与について
- ・昇進のスピード
- ・福利厚生の状態
- ・離職率について　etc.

06 インターンシップ

　インターンシップとは，学生向けに企業が用意している「就業体験」プログラム。ここで学生はさまざまな企業の実態をより深く知ることができ，その後の就職活動において自己分析，業界研究，職種選びなどに活かすことができる。また企業側にとっても有能な学生を発掘できるというメリットがあるため，導入する企業は増えている。

　インターンシップ参加が採用につながっているケースもあるため，たくさん参加してみよう。

---

column　コネを利用するのも１つの手段？

コネを活用できるのは，以下のような場合である。

・企業と大学に何らかの「連絡」がある場合

　企業の新卒採用の場合，特定校・指定校が決められていることもある。企業側が過去の実績などに基づいて決めており，大学の力が大きくものをいう。

　とくに理工系では，指導教授や研究室と企業との連絡が密接な場合が多く，教授の推薦が有利であることは言うまでもない。同じ大学出身の先輩とのコネも，この部類に区分できる。

・志望企業と「関係」ある人と関係がある場合

　一般的に言えば，志望企業の取り引き先関係からの紹介というのが一番多い。ただし，年間億単位の実績が必要で，しかも部長・役員以上につながっていなければコネがあるとは言えない。

・志望企業と何らかの「親しい関係」がある場合

　志望企業に勤務したりアルバイトをしていたことがあるという場合。インターンシップもここに分類される。職場にも馴染みがあり人間関係もできているので，就職に際してきわめて有利。

・志望会社に関係する人と「縁故」がある場合

　縁故を「血縁関係」とした場合，日本企業ではこのコネはかなり有効なところもある。ただし，血縁者が同じ会社にいるというのは不都合なことも多いので，どの企業も慎重。

07 会社説明会のチェックポイント

1. 受付の様子

　受付事務がテキパキとしていて，分かりやすいかどうか。社員の態度が親切で誠意が伝わってくるかどうか。

　こういった受付の様子からでも，その会社の社員教育の程度や，新入社員採用に対する熱意とか期待を推し測ることができる。

2. 控え室の様子

　控え室が2カ所以上あって，国立大学と私立大学の訪問者とが，別々に案内されているようなことはないか。また，面談の順番を意図的に変えているようなことはないか。これはよくある例で，すでに大半は内定しているということを意味する場合が多い。

3. 社内の雰囲気

　社員の話し方，その内容を耳にはさむだけでも，社風が伝わってくる。

4. 面談の様子

　何時間も待たせたあげくに，きわめて事務的に，しかも投げやりな質問しかしないような採用担当者である場合，この会社は人事が適正に行われていないということだから，一考したほうがよい。

 説明会での質問項目

・質問内容が抽象的でなく，具体性のあるものかどうか。
・質問内容は，現在の社会・経済・政治などの情況を踏まえた，
　大学生らしい高度で専門性のあるものか。
・質問をするのはいいが，「それでは，あなたの意見はどうか」と
　逆に聞かれたとき，自分なりの見解が述べられるものであるか。

提出書類を用意する

提出する書類は6種類。①〜③が大学に申請する書類，④〜⑥が自分で書く書類だ。大学に申請する書類は一度に何枚も入手しておこう。

①「卒業見込証明書」

②「成績証明書」

③「健康診断書」

④「履歴書」

⑤「エントリーシート」

⑥「会社説明会アンケート」

■自分で書く書類は「自己PR」

第1次面接に進めるか否かは「自分で書く書類」の出来にかかっている。「履歴書」と「エントリーシート」は会社説明会に行く前に準備しておくもの。「会社説明会アンケート」は説明会の際に書き，その場で提出する書類だ。

01 履歴書とエントリーシートの違い

Webエントリーを受け付けている企業に資料請求をすると，資料と一緒に「エントリーシート」が送られてくるので，応募サイトのフォームやメールでエントリーシートを送付する。Webエントリーを行っていない企業には，ハガキやメールで資料請求をする必要があるが，「エントリーシート」は履歴書とは異なり，企業が設定した設問に対して回答するもの。すなわちこれが「1次試験」であり，これにパスをした人だけが会社説明会に呼ばれる。

02 記入の際の注意点

■字はていねいに

字を書くところから，その企業に対する"本気度"は測られている。

■誤字，脱字は厳禁

使用するのは，黒のインク。

■修正液使用は不可

■数字は算用数字

■自分の広告を作るつもりで書く

自分はこういう人間であり，何がしたいかということを簡潔に書く。メリットになることだけで良い。自分に損になるようなことを書く必要はない。

■「やる気」を示す具体的なエピソードを

「私はやる気があります」「私は根気があります」という抽象的な表現だけではNG。それを示すエピソードのようなものを書かなくては意味がない。

Point

自己紹介欄の項目はすべて「自己PR」。自分はこういう人間であることを印象づけ，それがさらに企業への「志望動機」につながっていくような書き方をする。

column 履歴書やエントリーシートは，共通でもいい？

「履歴書」や「エントリーシート」は企業によって書き分ける。業種はもちろん，同じ業界の企業であっても求めている人材が違うからだ。各書類は提出前にコピーを取り，さらに出した企業名を忘れずに書いておくことも大切だ。

履歴書記入のPoint

写真	スナップ写真は不可。 スーツ着用で，胸から上の物を使用する。ポイントは「清潔感」。 氏名・大学名を裏書きしておく。
日付	郵送の場合は投函する日，持参する場合は持参日の日付を記入する。
生年月日	西暦は避ける。元号を省略せずに記入する。
氏名	戸籍上の漢字を使う。印鑑押印欄があれば忘れずに押す。
住所	フリガナ欄がカタカナであればカタカナで，平仮名であれば平仮名で記載する。
学歴	最初の行の中央部に「学□□歴」と2文字程度間隔を空けて，中学校卒業から大学（卒業・卒業見込み）まで記入する。 中途退学の場合は，理由を簡潔に記載する。留年は記入する必要はない。 職歴がなければ，最終学歴の一段下の行の右隅に，「以上」と記載する。
職歴	最終学歴の一段下の行の中央部に「職□□歴」と2文字程度間隔を空け記入する。 「株式会社」や「有限会社」など，所属部門を省略しないで記入する。 「同上」や「〃」で省略しない。 最終職歴の一段下の行の右隅に，「以上」と記載する。
資格・免許	4級以下は記載しない。学習中のものも記載して良い。 「普通自動車第一種運転免許」など，省略せずに記載する。
趣味・特技	具体的に（例：読書でもジャンルや好きな作家を）記入する。
志望理由	その企業の強みや良い所を見つけ出したうえで，「自分の得意な事」がどう活かせるかなどを考えぬいたものを記入する。
自己PR	応募企業の事業内容や職種にリンクするような，自分の経験やスキルなどを記入する。
本人希望欄	面接の連絡方法，希望職種・勤務地などを記入する。「特になし」や空白はNG。
家族構成	最初に世帯主を書き，次に配偶者，それから家族を祖父母，兄弟姉妹の順に。続柄は，本人から見た間柄。兄嫁は，義姉と書く。
健康状態	「良好」が一般的。

理論編 STEP4　エントリーシートの記入

01　エントリーシートの目的

・応募者を，決められた採用予定者数に絞り込むこと
・面接時の資料にする

の2つ。

■知りたいのは職務遂行能力

　採用担当者が学生を見る場合は,「こいつは与えられた仕事をこなせるかどうか」という目で見ている。企業に必要とされているのは仕事をする能力なのだ。

---Point---

質問に忠実に，"自分がいかにその会社の求める人材に当てはまるか"を
丁寧に答えること。

02　効果的なエントリーシートの書き方

■情報を伝える書き方

　課題をよく理解していることを相手に伝えるような気持ちで書く。

■文章力

　大切なのは全体のバランスが取れているか。書く前に，何をどれくらいの字数で収めるか計算しておく。

　「起承転結」でいえば，「起」は，文章を起こす導入部分。「承」は，起を受けて，その提起した問題に対して承認を求める部分。「転」は，自説を展開する部分。もっともオリジナリティが要求される。「結」は,最後の締めの結論部分。文章の構成・まとめる力で，総合的な能力が高いことをアピールする。

エントリーシートで求められるものは，「自己PR」「志望動機」「将来
どうなりたいか（目指すこと）」の3つに大別される。

1. 「自己PR」

自己分析にしたがって作成していく。重要なのは，「なぜそうしようと
思ったか？」「○○をした結果，何が変わったのか？何を得たのか？」と
いう"連続性"が分かるかどうかがポイント。

2. 「志望動機」

自己PRと一貫性を保ち，業界志望理由と企業志望理由を差別化して表
現するように心がける。志望する業界の強みと弱み，志望企業の強みと弱
みの把握は基本。

3. 「将来の展望」

どんな社員を目指すのか，仕事へはどう臨もうと思っているか，目標は
何か，などが問われる。仕事内容を事前に把握しておくだけでなく，5年
後の自分，10年後の自分など，具体的な将来像を描いておくことが大切。

表現力，理解力のチェックポイント

❑ 文法，語法が正しいかどうか

❑ 論旨が論理的で一貫しているかどうか

❑ 1センテンスが簡潔かどうか

❑ 表現が統一されているかどうか（「です，ます」調か「だ，である」調か）

理論編 STEP5 面接試験の進みかた

01 個人面接

●自由面接法

面接官と受験者のキャラクターやその場の雰囲気，質問と応答の進行具合などによって雑談形式で自由に進められる。

●標準面接法

自由面接法とは逆に，質問内容や評価の基準などがあらかじめ決まっている。実際には自由面接法と併用で，おおまかな質問事項や判定基準，評価ポイントを決めておき，質疑応答の内容上の制限を緩和しておくスタイルが一般的。1次面接などでは標準面接法をとり，2次以降で自由面接法をとる企業も多い。

●非指示面接法

受験者に自由に発言してもらい，面接官は話題を引き出したりするときなど，最小限の質問をするという方法。

●圧迫面接法

わざと受験者の精神状態を緊張させ，受験者がどのような応答をするかを観察し，判定する。受験者は，冷静に対応することが肝心。

02 集団面接

面接の方法は個人面接と大差ないが，面接官がひとつの質問をして，受験者が順にそれに答えるという方法と，面接官が司会役になって，座談会のような形式で進める方法とがある。

座談会のようなスタイルでの面接は，なるべく受験者全員が関心をもっているような話題を取りあげ，意見を述べさせるという方法。この際，司会役以外の面接官は一言も発言せず，判定・評価に専念する。

03 グループディスカッション

　グループディスカッション（以下，GD）の時間は30〜60分程度，1グループの人数は5〜10人程度で，司会は面接官が行う場合や，時間を決めて学生が交替で行うことが多い。面接官は内容については特に指示することはなく，受験者がどのようにGDを進めるかを観察する。

　評価のポイントは，全体的には理解力，表現力，指導性，積極性，協調性など，個別的には性格，知識，適性などが観察される。

　GDの特色は，集団の中での個人ということで，受験者の能力がどの程度のものであるか，また，どのようなことに向いているかを判定できること。受験者は，グループの中における自分の位置を面接官に印象づけることが大切だ。

グループディスカッション方式の面接におけるチェックポイント

☐全体の中で適切な論点を提供できているかどうか。
☐問題解決に役立つ知識を持っているか，また提供できているかどうか。
☐もつれた議論を解きほぐし，的はずれの議論を元に引き戻す努力をしているかどうか。
☐グループ全体としての目標をいつも考えているかどうか。
☐感情的な対立や攻撃をしかけているようなことはないか。
☐他人の意見に耳を傾け，よい意見には賛意を表し，それを全体に推し広げようという寛大さがあるかどうか。
☐議論の流れを自然にリードするような主導性を持っているかどうか。
☐提出した意見が議論の進行に大きな影響を与えているかどうか。

04 面接時の注意点

●控え室

　控え室には，指定された時間の15分前には入室しよう。そこで担当の係から，面接に際しての注意点や手順の説明が行われるので，疑問点は積極的に聞くようにし，心おきなく面接にのぞめるようにしておこう。会社によっては，所定のカードに必要事項を書き込ませたり，お互いに自己紹介をさせたりする場合もある。また，この控え室での行動も細かくチェックして，合否の資料にしている会社もある。

●入室・面接開始

　係員がドアの開閉をしてくれる場合もあるが，それ以外は軽くノックして入室し，必ずドアを閉める。そして入口近くで軽く一礼し，面接官か補助員の「どうぞ」という指示で正面の席に進み，ここで再び一礼をする。そして，学校名と氏名を名のって静かに着席する。着席時は，軽く椅子にかけるようにする。

●面接終了と退室

　面接の終了が告げられたら，椅子から立ち上がって一礼し，椅子をもとに戻して，面接官または係員の指示を受けて退室する。

　その際も，ドアの前で面接官のほうを向いて頭を下げ，静かにドアを開閉する。控え室に戻ったら，係員の指示を受けて退社する。

05 面接試験の評定基準

●協調性

　企業という「集団」では，他人との協調性が特に重視される。

　感情や態度が円満で調和がとれていること，極端に好悪の情が激しくなく，物事の見方や考え方が穏健で中立であることなど，職場での人間関係を円滑に進めていくことのできる人物かどうかが評価される。

●話し方

　外観印象的には，言語の明瞭さや応答の態度そのものがチェックされる。小さな声で自信のない発言，乱暴野卑な発言は減点になる。

　考えをまとめたら，言葉を選んで話すくらいの余裕をもって，真剣に応答しようとする姿勢が重視される。軽率な応答をしたり，まして発言に矛盾を指摘されるような事態は極力避け，もしそのような状況になりそうなときは，自分の非を認めてはっきりと謝るような態度を示すべき。

●好感度

　実社会においては，外観による第一印象が，人間関係や取引に大きく影響を及ぼす。

　「フレッシュな爽やかさ」に加え，入社志望など，自分の意思や希望をより明確にすることで，強い信念に裏づけられた姿勢をアピールできるよう努力したい。

●判断力

何を質問されているのか，何を答えようとしているのか，常に冷静に判断していく必要がある。

●表現力

話に筋道が通り理路整然としているか，言いたいことが簡潔に言えるか，話し方に抑揚があり聞く者に感銘を与えるか，用語が適切でボキャブラリーが豊富かどうか。

●積極性

活動意欲があり，研究心旺盛であること，進んで物事に取り組み，創造的に解決しようとする意欲が感じられること，話し方にファイトや情熱が感じられること，など。

●計画性

見通しをもって順序よく合理的に仕事をする性格かどうか，またその能力の有無。企業の将来性のなかに，自分の将来をどうかみ合わせていこうとしているか，現在の自分を出発点として，何を考え，どんな仕事をしたいのか。

●安定性

情緒の安定は，社会生活に欠くことのできない要素。自分自身をよく知っているか，他の人に流されない信念をもっているか。

●誠実性

自分に対して忠実であろうとしているか，物事に対してどれだけ誠実な考え方をしているか。

●社会性

企業は集団活動なので，自分の考えに固執したり，不平不満が多い性格は向かない。柔軟で適応性があるかどうか。

清潔感や明朗さ，若々しさといった外観面も重視される。

06 面接試験の質問内容

1. 志望動機

受験先の概要や事業内容はしっかりと頭の中に入れておく。また，その企業の企業活動の社会的意義と，自分自身の志望動機との関連を明確にしておく。「安定している」「知名度がある」「将来性がある」といった利己的な動機，「自

分の性格に合っている」というような，あいまいな動機では説得力がない。安定性や将来性は，具体的にどのような企業努力によって支えられているのかという考察も必要だし，それに対する受験者自身の評価や共感なども問われる。

①どうしてその業種なのか

②どうしてその企業なのか

③どうしてその職種なのか

以上の①～③と，自分の性格や資質，専門などとの関連性を説明できるようにしておく。

自分がどうしてその会社を選んだのか，どこに大きな魅力を感じたのかを，できるだけ具体的に，情熱をもって語ることが重要。自分の長所と仕事の適性を結びつけてアピールし，仕事のやりがいや仕事に対する興味を述べるのもよい。

■複数の企業を受験していることは言ってもいい？

同じ職種，同じ業種で何社かかけもちしている場合，正直に答えてもかまわない。しかし，「第一志望はどこですか」というような質問に対して，正直に答えるべきかどうかというと，やはりこれは疑問がある。どんな会社でも，他社を第一志望にあげられれば，やはり愉快には思わない。

また，職種や業種の異なる会社をいくつか受験する場合も同様で，極端に性格の違う会社をあげれば，その矛盾を突かれるのは必至だ。

2. 仕事に対する意識・職業観

採用試験の段階では，次年度の配属予定が具体的に固まっていない会社もかなりある。具体的に職種や部署などを細分化して募集している場合は別だが，そうでない場合は，希望職種をあまり狭く限定しないほうが賢明。どの業界においても，採用後，新入社員には，研修としてその会社の各セクションをひと通り経験させる企業は珍しくない。そのうえで，具体的な配属計画を検討するのだ。

大切なことは，就職や職業というものを，自分自身の生き方の中にどう位置づけるか，また，自分の生活の中で仕事とはどういう役割を果たすのかを考えてみること。つまり自分の能力を活かしたい，社会に貢献したい，自分の存在価値を社会的に実現してみたい，ある分野で何か自分の力を試してみたい……，などの場合を考え，それを自分自身の人生観，志望職種や業種などとの関係を考えて組み立ててみる。自分の人生観をもとに，それを自分の言葉で表現できるようにすることが大切。

3. 自己紹介・自己PR

性格そのものを簡単に変えたり，欠点を克服したりすることは実際には難しいが，"仕方がない"という姿勢を見せることは禁物で，どんなささいなことでも，努力している面をアピールする。また一般的にいって，専門職を除けば，就職時になんらかの資格や技能を要求する企業は少ない。

ただ，資格をもっていれば採用に有利とは限らないが，専門性を要する業種では考慮の対象とされるものもある。たとえば英検，簿記など。

企業が学生に要求しているのは，4年間の勉学を重ねた学生が，どのように仕事に有用であるかということで，学生の知識や学問そのものを聞くのが目的ではない。あくまで，社会人予備軍としての謙虚さと素直さを失わないようにする。

知識や学力よりも，その人の人間性，ビジネスマンとしての可能性を重視するからこそ，面接担当者は，学生生活全般について尋ねることで，書類だけでは分からない人間性を探ろうとする。

何かうち込んだものや思い出に残る経験などは，その人の人間的な成長になんらかの作用を及ぼしているものだ。どんな経験であっても，そこから受けた印象や教訓などは，明確に答えられるようにしておきたい。

4. 一般常識・時事問題

一般常識・時事問題については筆記試験の分野に属するが，面接でこうしたテーマがもち出されることも珍しくない。受験者がどれだけ社会問題に関心をもっているか，一般常識をもっているか，また物事の見方・考え方に偏りがないかなどを判定する。知識や教養だけではなく，一問一答の応答を通じて，その人の性格や適応能力まで判断されることになる。

07 面接に向けての事前準備

■面接試験1カ月前までには万全の準備をととのえる

●志望会社・職種の研究

新聞の経済欄や経済雑誌などのほか，会社年鑑，株式情報など書物による研究をしたり，インターネットにあがっている企業情報や，検索によりさまざまな角度から調べる。すでにその会社へ就職している先輩や知人に会って知識を得たり，大学のキャリアセンターへ情報を求めるなどして総合的に判断する。

■専攻科目の知識・卒論のテーマなどの整理

大学時代にどれだけ勉強してきたか，専攻科目や卒論のテーマなどを整理しておく。

■時事問題に対する準備

毎日欠かさず新聞を読む。志望する企業の話題は，就職ノートに整理するなどもアリ。

面接当日の必需品

- ❏必要書類（履歴書，卒業見込証明書，成績証明書，健康診断書，推薦状）
- ❏学生証
- ❏就職ノート（志望企業ファイル）
- ❏印鑑，朱肉
- ❏筆記用具（万年筆，ボールペン，サインペン，シャープペンなど）
- ❏手帳，ノート
- ❏地図（訪問先までの交通機関などをチェックしておく）
- ❏現金（小銭も用意しておく）
- ❏腕時計（オーソドックスなデザインのもの）
- ❏ハンカチ，ティッシュペーパー
- ❏くし，鏡（女性は化粧品セット）
- ❏シューズクリーナー
- ❏ストッキング
- ❏折りたたみ傘（天気予報をチェックしておく）
- ❏携帯電話，充電器

■一般常識試験

> 社会人として企業活動を行ううえで最低限必要となる一般常識のほか，
> 英語，国語，社会（時事問題），数学などの知識の程度を確認するもの。

　難易度はおおむね中学・高校の教科書レベル。一般常識の問題集を1冊やっておけばよいが，業界によっては専門分野が出題されることもあるため，必ず志望する企業のこれまでの試験内容は調べておく。

■一般常識試験の対策

・英語　慣れておくためにも，教科書を復習する，英字新聞を読むなど。

・国語　漢字，四字熟語，反対語，同音異義語，ことわざをチェック。

・時事問題　新聞や雑誌，テレビ，ネットニュースなどアンテナを張っておく。

■適性検査

　SPI（Synthetic Personality Inventory）試験（SPI3試験）とも呼ばれ，能力テストと性格テストを合わせたもの。

　能力テストでは国語能力を測る「言語問題」と，数学能力を測る「非言語問題」がある。言語的能力，知覚能力，数的能力のほか，思考・推理能力，記憶力，注意力などの問題で構成されている。

　性格テストは「はい」か「いいえ」で答えていく。仕事上の適性と性格の傾向などが一致しているかどうかをみる。

> SPIは職務への適応性を客観的にみるためのもの。

01 「論文」と「作文」

　一般に「論文」はあるテーマについて自分の意見を述べ，その論証をする文章で，必ず意見の主張とその論証という2つの部分で構成される。問題提起と論旨の展開，そして結論を書く。

　「作文」は，一般的には感想文に近いテーマ，たとえば「私の興味」「将来の夢」といったものがある。

　就職試験では「論文」と「作文」を合わせた"論作文"とでもいうようなものが出題されることが多い。

　論作文試験とは，「文章による面接」。テーマに書き手がどういう態度を持っているかを知ることが，出題の主な目的だ。受験者の知識・教養・人生観・社会観・職業観，そして将来への希望などが，どのような思考を経て，どう表現されているかによって，企業にとって，必要な人物かどうかを判断している。

　論作文の場合には，書き手の社会的意識や考え方に加え，「感銘を与える」働きが要求される。就職活動とは，企業に対し「自分をアピールすること」だということを常に念頭に置いておきたい。

Point

論文と作文の違い

	論　文	作　文
テーマ	学術的・社会的・国際的なテーマ。時事，経済問題など	個人的・主観的なテーマ。人生観，職業観など
表現	自分の意見や主張を明確に述べる。	自分の感想を述べる。
展開	四段型（起承転結）の展開が多い。	三段型（はじめに・本文・結び）の展開が多い。
文体	「だ調・である調」のスタイルが多い。	「です調・ます調」のスタイルが多い。

・テーマ

与えられた課題（テーマ）を，受験者はどのように理解しているか。

出題されたテーマの意義をよく考え，それに対する自分の意見や感情が，十分に整理されているかどうか。

・表現力

課題について本人が感じたり，考えたりしたことを，文章で的確に表しているか。

・字・用語・その他

かなづかいや送りがなが合っているか，文中で引用されている格言やことわざの類が使用法を間違えていないか，さらに誤字・脱字に至るまで，文章の基本的な力が受験者の人柄ともからんで厳密に判定される。

・オリジナリティ

魅力がある文章とは，オリジナリティを率直に出すこと。自分の感情や意見を，自分の言葉で表現する。

・生活態度

文章は，書き手の人格や人柄を映し出す。平素の社会的関心や他人との協調性，趣味や読書傾向はどうであるかといった，受験者の日常における生き方，生活態度がみられる。

・字の上手・下手

できるだけ読みやすい字を書く努力をする。また，制限字数より文章が長くなって原稿用紙の上下や左右の空欄に書き足したりすることは避ける。消しゴムで消す場合にも，丁寧に。

いずれの場合でも，表面的な文章力を問うているのではなく，受験者の人柄のほうを重視している。

実践編 マナーチェックリスト

就活において企業の人事担当は，面接試験やOG／OB訪問，そして面接試験において，あなたのマナーや言葉遣いといった，「常識力」をチェックしている。現在の自分はどのくらい「常識力」が身についているかをチェックリストで振りかえり，何ができて，何ができていないかを明確にしたうえで，今後の取り組みに生かしていこう。

評価基準　5：大変良い　4：やや良い　3：どちらともいえない　2：やや悪い　1：悪い

	項　目	評　価	メ　モ
挨拶	明るい笑顔と声で挨拶をしているか		
	相手を見て挨拶をしているか		
	相手より先に挨拶をしているか		
	お辞儀を伴った挨拶をしているか		
	直接の応対者でなくても挨拶をしているか		
表情	笑顔で応対しているか		
	表情に私的感情がでていないか		
	話しかけやすい表情をしているか		
	相手の話は真剣な顔で聞いているか		
身だしなみ	前髪は目にかかっていないか		
	髪型は乱れていないか／長い髪はまとめているか		
	髭の剃り残しはないか／化粧は健康的か		
	服は汚れていないか／清潔に手入れされているか		
	機能的で職業・立場に相応しい服装をしているか		
	華美なアクセサリーはつけていないか		
	爪は伸びていないか		
	靴下の色は適当か／ストッキングの色は自然な肌色か		
	靴の手入れは行き届いているか		
	ポケットに物を詰めすぎていないか		

	項　目	評　価	メ　モ
言葉遣い	専門用語を使わず，相手にわかる言葉で話しているか		
	状況や相手に相応しい敬語を正しく使っているか		
	相手の聞き取りやすい音量・速度で話しているか		
	語尾まで丁寧に話しているか		
	気になる言葉癖はないか		
動作	物の授受は両手で丁寧に実施しているか		
	案内・指し示し動作は適切か		
	キビキビとした動作を心がけているか		
心構え	勤務時間・指定時間の５分前には準備が完了しているか		
	心身ともに健康管理をしているか		
	仕事とプライベートの切替えができているか		

☑ 常に自己点検をするクセをつけよう

「人を表情やしぐさ，身だしなみなどの見かけで判断してはいけない」と一般にいわれている。確かに，人の個性は見かけだけではなく，内面においても見いだされるもの。しかし，私たちは人を第一印象である程度決めてしまう傾向がある。それが面接試験など初対面の場合であればなおさらだ。したがって，チェックリストにあるような挨拶，表情，身だしなみ等に注意して面接試験に臨むことはとても重要だ。ただ，これらは面接試験前にちょっと対策したからといって身につくようなものではない。付け焼き刃的な対策をして面接試験に臨んでも，面接官はあっという間に見抜いてしまう。日頃からチェックリストにあるような項目を意識しながら行動することが大事であり，そうすることで，最初はぎこちない挨拶や表情等も，その人の個性に応じたすばらしい所作へ変わっていくことができるのだ。さっそく，本日から実行してみよう。

面接試験において，印象を決定づける表情はとても大事。
どのようにすれば感じのいい表情ができるのか，ポイントを確認していこう。

明るく,温和で 柔らかな表情をつくろう

人間関係の潤滑油

表情に関しては，まずは豊かである
ということがベースになってくる。う
れしい表情，困った表情，驚いた表
情など，さまざまな気持ちを表現で
きるということが，人間関係を潤いの
あるものにしていく。

Point

　表情はコミュニケーションの大前提。相手に「いつでも話しかけてくださ
いね」という無言の言葉を発しているのが，就活に求められる表情だ。面接
官が安心してコミュニケーションをとろうと思ってくれる表情。それが，明
るく，温和で柔らかな表情となる。

いますぐデキる
カンタンTraining

Training 01

喜怒哀楽を表してみよう

- 人との出会いを楽しいと思うことが表情の基本
- 表情を豊かにする大前提は相手の気持ちに寄り添うこと
- 目元・口元だけでなく，眉の動きを意識することが大事

Training 02

表情筋のストレッチをしよう

- 表情筋は「ウイスキー」の発音によって鍛える
- 意識して毎日，取り組んでみよう
- 笑顔の共有によって相手との距離が縮まっていく

就職活動のはじめかた　**149**

コミュニケーションは挨拶から始まり，その挨拶ひとつで印象は変わるもの。
ポイントを確認していこう。

丁寧にしっかりと
はっきり挨拶をしよう

人間関係の第一歩

挨拶は心を開いて，相手に近づくコ
ミュニケーションの第一歩。たかが
挨拶，されど挨拶の重要性をわきま
えて，きちんとした挨拶をしよう。形，
つまり"技"も大事だが，心をこめ
ることが最も重要だ。

Point

　挨拶はコミュニケーションの第一歩。相手が挨拶するのを待っているの
は望ましくない。挨拶の際のポイントは丁寧であることと，はっきり声に出
すことの2つ。丁寧な挨拶は，相手を大事にして迎えている気持ちの表れ
となる。はっきり声に出すことで，これもきちんと相手を迎えていることが
伝わる。また，相手もその応答として挨拶してくれることで，会ってすぐに
双方向のコミュニケーションが成立する。

いますぐデキる
カンタンTraining

Training **01**

3つのお辞儀をマスターしよう

① 会釈（15度）　　　② 敬礼（30度）　　　③ 最敬礼（45度）

- 息を吸うことを意識してお辞儀をするとキレイな姿勢に
- 目線は真下ではなく，床前方1.5m先ぐらいを見よう
- 相手への敬意を忘れずに

Training **02**

対面時は言葉が先，お辞儀が後

- 相手に体を向けて先に自ら挨拶をする
- 挨拶時，相手とアイコンタクトを
  しっかり取ろう
- 挨拶の後に，お辞儀をする。
  これを「語先後礼」という

コミュニケーションは「話す」よりも「聞く」ことといわれる。相手が話しやすい聞き方の，ポイントを確認しよう。

受容の立場で
傾聴しよう

相手の話を受けとめる

話を聞くときは，やや前に傾く姿勢をとる。表情と姿勢が合わさることにより，話し手の心が開き「あれも，これも話そう」という気持ちになっていく。また，「はい」と一度のお辞儀で頷くと相手の話を受け止めているというメッセージにつながる。

Point

　話をすること，話を聞いてもらうことは誰にとってもプレッシャーを伴うもの。そのため，「何でも話して良いんですよ」「何でも話を聞きますよ」「心配しなくて良いんですよ」という気持ちで聞くことが大切になる。その気持ちが聞く姿勢に表れれば，相手は安心して話してくれる。

カンタンTraining

Training 01

頷きは一度で

・相手が話した後に「はい」と
　一言発する
・頷きすぎは逆効果

Training 02

目線は自然に

・鼻の付け根あたりを見ると
　自然な印象に
・目を見つめすぎるのはNG

Training 03

話の句読点で視線を移す

・視線は話している人を見ることが基本
・複数の人の話を聞くときは句読点を意識し，
　視線を振り分けることで聞く姿勢を表す

自分の意思を相手に明確に伝えるためには，話し方が重要となる。はっきりと的確に話すためのポイントを確認しよう。

明るい発声を
心がけよう

ボリュームを意識して

話すときのポイントとしては，ボリュームを意識することが挙げられる。会議室の一番奥にいる人に声が届くように意識することで，声のボリュームはコントロールされていく。

Point

　コミュニケーションとは「伝達」すること。どのようなことも，適当に伝えるのではなく，伝えるべきことがきちんと相手に届くことが大切になる。そのためには，はっきりと，分かりやすく，丁寧に，心を込めて話すこと。言葉だけでなく，表情やジェスチャーを加えることも有効。

いますぐデキる
カンタンTraining

Training **01**

腹式呼吸で発声練習

- 「あえいうえおあお」と発声する
- 腹式呼吸は，胸部をなるべく動かさずに，息を吸うときにお腹や腰が膨らむよう意識する呼吸法

Training **02**

早口言葉にチャレンジ

おあやや
母親に
お謝り

- 「おあやや，母親に，お謝り」と早口で
- 口がすぼまった「お」と口が開いた「あ」の発音に，変化をつけられるかがポイント

Training **03**

ジェスチャーを有効活用

- 腰より上でジェスチャーをする
- 体から離した位置に手をもっていく
- ジェスチャーをしたら戻すところをさだめておく

身だしなみはその人自身を表すもの。身だしなみの基本について，ポイントを確認しよう。

清潔感,さわやかさを
醸し出せるようにしよう

プロの企業人にふさわしい身だしなみを

信頼感，安心感をもたれる身だしなみを考えよう。TPOに合わせた服装は，すなわち "礼" を表している。そして，身だしなみには，「清潔感」，「品のよさ」，「控え目である」という，3つのポイントがある。

Point

相手との心理的な距離や物理的な距離が遠ければ，コミュニケーションは成立しにくくなる。見た目が不潔では誰も近付いてこない。身だしなみが清潔であること，爽やかであることは相手との距離を縮めることにも繋がる。

いますぐデキる
カンタンTraining

Training 01

髪型，服装を整えよう

3分の1は額が見えるように

- 男性も女性も眉が見える髪型が望ましい。3分の1は額が見えるように。額は知性と清潔感を伝える場所。男性の髪の長さは耳や襟にかからないように
- スーツで相手の前に立つときは，ボタンはすべて留める。男性の場合は下のボタンは外す

Training 02

おしゃれとの違いを明確に

- 爪はできるだけ切りそろえる
- 爪の中の汚れにも注意
- ジェルネイル，ネイルアートはNG

Training 03

足元にも気を配って

- 女性の場合はパンプス，男性の場合は黒の紐靴が望ましい
- 靴はこまめに汚れを落とし見栄えよく

姿勢にはその人の意欲が反映される。前向き，活動的な姿勢を表すにはどうしたらよいか，ポイントを確認しよう。

前向き,活動的な姿勢を維持しよう

一直線と左右対称

正しい立ち姿として，耳，肩，腰，くるぶしを結んだ線が一直線に並んでいることが最大のポイントになる。そのラインが直線に近づくほど立ち姿がキレイに整っていることになる。また，"左右対称"というのもキレイな姿勢の要素のひとつになる。

Point

　姿勢は，身体と心の状態を反映するもの。そのため，良い姿勢でいることは，印象が清々しいだけでなく，健康で元気そうに見え，話しかけやすさにも繋がる。歩く姿勢，立つ姿勢，座る姿勢など，どの場面にも心身の健康状態が表れるもの。日頃から心身の健康状態に気を配り，フィジカルとメンタル両面の自己管理を心がけよう。

いますぐデキる
カンタンTraining

Training 01

キレイな歩き方を心がけよう

- ・女性は1本の線上を，男性はそれよりも太い線上を沿うように歩く
- ・一歩踏み出したときに前の足に体重を乗せるように，腰から動く
- ・12時の方向につま先をもっていく

Training 02

前向きな気持ちを持とう

- ・常に前向きな気持ちが姿勢を正す
- ・ポジティブ思考を心がけよう

言葉遣いの正しさはとは，場面にあった言葉を遣うということ。相手を気づかいながら，言葉を選ぶことで，より正しい言葉に近づいていく。

相手と場面に合わせた
ふさわしい言葉遣いを

次の文は接客の場面でよくある間違えやすい敬語です。
それぞれの言い方は○×どちらでしょうか。

問1 「資料をご拝読いただきありがとうございます」

問2 「こちらのパンフレットはもういただかれましたか？」

問3 「恐れ入りますが，こちらの用紙にご記入してください」

問4 「申し訳ございませんが，来週，休ませていただきます」

問5 「先ほどの件，帰りましたら上司にご報告いたしますので」

Point

　ビジネスのシーンに敬語は欠くことができない。何度もやり取りをしていく中で，親しさの度合いによっては，あえてくだけた表現を用いることもあるが，「親しき仲にも礼儀あり」と言われるように，敬意や心づかいをおろそかにしてはいけないもの。相手に誤解されたり，相手の気分を壊すことのないように，相手や場面にふさわしい言葉遣いが大切になる。

問1 （×）　○正しい言い換え例

→「ご覧いただきありがとうございます」など

「拝読」は自分が「読む」意味の謙譲語なので，相手の行為に使うのは誤り。読むと見るは同義なため，多く，見るの尊敬語「ご覧になる」が用いられる。

問2 （×）　○正しい言い換え例

→「お持ちですか」「お渡ししましたでしょうか」　など

「いただく」は，食べる・飲む・もらうの謙譲語。「もらったかどうか」と聞きたいのだから，「おもらいになりましたか」と言えないこともないが，持っているかどうか，受け取ったかどうかという意味で「お持ちですか」などが使われることが多い。また，自分側が渡すような場合は，「お渡しする」を使って「お渡ししましたでしょうか」などの言い方に換えることもできる。

問3 （×）　○正しい言い換え例

→「恐れ入りますが，こちらの用紙にご記入ください」など

「ご記入する」の「お（ご）〜する」は謙譲語の形。相手の行為を謙譲語で表すことになるため誤り。「して」を取り除いて「ご記入ください」か，和語に言い換えて「お書きください」とする。ほかにも「お書き／ご記入・いただけますでしょうか・願います」などの表現もある。

問4 （△）

有給休暇を取る場合や，弔事等で休むような場面で，用いられることも多い。「休ませていただく」ということで一見丁寧に響くが，「来週休むと自分で休みを決めている」という勝手な表現にも受け取られかねない言葉だ。ここは同じ「させていただく」を用いても，相手の都合をうかがう言い方に換えて「○○がございまして，申し訳ございませんが，休みをいただいてもよろしいでしょうか」などの言い換えが好ましい。

問5 （×）○正しい言い換え例

→「上司に報告いたします」

「ご報告いたします」は，ソトの人との会話で使うとするならば誤り。「ご報告いたします」の「お・ご〜いたす」は，「お・ご〜する」と「〜いたす」という2つの敬語を含む言葉。そのうちの「お・ご〜する」は，主語である自分を低めて相手＝上司を高める働きをもつ表現（謙譲語Ⅰ）。一方「〜いたす」は，主語の私を低めて，話の聞き手に対して丁重に述べる働きをもつ表現（謙譲語Ⅱ　丁重語）。「お・ご〜する」も「〜いたす」も同じ謙譲語であるため紛らわしいが，主語を低める（謙譲）という働きは同じでも，行為の相手を高める働きがあるかないかという点に違いがあるといえる。

敬語は正しく使用することで，相手の印象を大きく変えることができる。尊敬語，謙譲語の区別をはっきりつけて，誤った用法で話すことのないように気をつけよう。

言葉の使い方が
マナーを表す!

■よく使われる尊敬語の形 「言う・話す・説明する」の例

専用の尊敬語型	おっしゃる
〜れる・〜られる型	言われる・話される・説明される
お（ご）〜になる型	お話しになる・ご説明になる
お（ご）〜なさる型	お話しなさる・ご説明なさる

■よく使われる謙譲語の形 「言う・話す・説明する」の例

専用の謙譲語型	申す・申し上げる
お（ご）〜する型	お話しする・ご説明する
お（ご）〜いたす型	お話しいたします・ご説明いたします

Point

　同じ尊敬語・謙譲語でも，よく使われる代表的な形がある。ここではその一例をあげてみた。敬語の使い方に迷ったときなどは，まずはこの形を思い出すことで，大抵の語はこの型にはめ込むことができる。同じ言葉を用いたほうがよりわかりやすいといえるので，同義に使われる「言う・話す・説明する」を例に考えてみよう。

　ほかにも「お話しくださる」や「お話しいただく」「お元気でいらっしゃる」などの形もあるが，まずは表の中の形を見直そう。

■よく使う動詞の尊敬語・謙譲語

なお，尊敬語の中の「言われる」などの「れる・られる」を付けた形は省力している。

基本	尊敬語（相手側）	謙譲語（自分側）
会う	お会いになる	お目にかかる・お会いする
言う	おっしゃる	申し上げる・申す
行く・来る	いらっしゃる おいでになる お見えになる お越しになる お出かけになる	伺う・参る お伺いする・参上する
いる	いらっしゃる・おいでになる	おる
思う	お思いになる	存じる
借りる	お借りになる	拝借する・お借りする
聞く	お聞きになる	拝聴する 拝聞する お伺いする・伺う お聞きする
知る	ご存じ（知っているという意で）	存じ上げる・存じる
する	なさる	いたす
食べる・飲む	召し上がる・お召し上がりになる お飲みになる	いただく・頂戴する
見る	ご覧になる	拝見する
読む	お読みになる	拝読する

「お伺いする」「お召し上がりになる」などは，「伺う」「召し上がる」自体が敬語なので「二重敬語」ですが，慣習として定着しており間違いではないもの。

- Point -

　上記の「敬語表」は，よく使うと思われる動詞をそれぞれ尊敬語・謙譲語で表したもの。このように大体の言葉は型にあてはめることができる。言葉の中には「お（ご）」が付かないものもあるが，その場合でも「〜なさる」を使って，「スピーチなさる」や「運営なさる」などと言うことができる。また，表では，「言う」の尊敬語「言われる」の例は省いているが，れる・られる型の「言われる」よりも「おっしゃる」「お話しになる」「お話しなさる」などの言い方のほうが，より敬意も高く，言葉としても何となく響きが落ち着くといった印象を受けるものとなる。

会話は相手があってのこと。いかなる場合でも，相手に対する心くばりを忘れないことが，会話をスムーズに進めるためのコツになる。

心くばりを添えるひと言で 言葉の印象が変わる!

　相手に何かを頼んだり，また相手の依頼を断ったり，相手の抗議に対して反論したりする場面では，いきなり自分の意見や用件を切り出すのではなく，場面に合わせて心くばりを伝えるひと言を添えてから本題に移ると，響きがやわらかくなり，こちらの意向も伝えやすくなる。俗にこれは「クッション言葉」と呼ばれている。（右表参照）

Point

　ビジネスの場面で，相手と話したり手紙やメールを送る際には，何か依頼事があってという場合が多いもの。その場合に「ちょっとお願いなんですが…」では，ふだんの会話と変わりがないものになってしまう。そこを「突然のお願いで恐れ入りますが」「急にご無理を申しまして」「こちらの勝手で恐縮に存じますが」「折り入ってお願いしたいことがございまして」などの一言を添えることで，直接的なきつい感じが和らぐだけでなく，「申し訳ないのだけれど，もしもそうしていただくことができればありがたい」という，相手への配慮や願いの気持ちがより強まる。このような前置きの言葉もうまく用いて，言葉に心くばりを添えよう。

相手の意向を尋ねる場合	「よろしければ」「お差し支えなければ」 「ご都合がよろしければ」「もしお時間がありましたら」 「もしお嫌いでなければ」「ご興味がおありでしたら」
相手に面倒を かけてしまうような場合	「お手数をおかけしますが」 「ご面倒をおかけしますが」 「お手を煩わせまして恐縮ですが」 「お忙しい時に申し訳ございませんが」 「お時間を割いていただき申し訳ありませんが」 「貴重なお時間を頂戴し恐縮ですが」
自分の都合を 述べるような場合	「こちらの勝手で恐縮ですが」 「こちらの都合（ばかり）で申し訳ないのですが」 「私どもの都合ばかりを申しまして，まことに申し訳な く存じますが」 「ご無理を申し上げまして恐縮ですが」
急な話をもちかけた場合	「突然のお願いで恐れ入りますが」 「急にご無理を申しまして」 「もっと早くにご相談申し上げるべきところでございま したが」 「差し迫ってのことでまことに申し訳ございませんが」
何度もお願いする場合	「たびたびお手数をおかけしまして恐縮に存じますが」 「重ね重ね恐縮に存じますが」 「何度もお手を煩わせまして申し訳ございませんが」 「ご面倒をおかけしてばかりで，まことに申し訳ござい ませんが」
難しいお願いをする場合	「ご無理を承知でお願いしたいのですが」 「たいへん申し上げにくいのですが」 「折り入ってお願いしたいことがございまして」
あまり親しくない相手に お願いする場合	「ぶしつけなお願いで恐縮ですが」 「ぶしつけながら」 「まことに厚かましいお願いでございますが」
相手の提案・誘いを断る場合	「申し訳ございませんが」 「（まことに）残念ながら」 「せっかくのご依頼ではございますが」 「たいへん恐縮ですが」 「身に余るお言葉ですが」 「まことに失礼とは存じますが」 「たいへん心苦しいのですが」 「お引き受けしたいのはやまやまですが」
問い合わせの場合	「つかぬことをうかがいますが」 「突然のお尋ねで恐縮ですが」

ここでは文章の書き方における，一般的な敬称について言及している。はがき，手紙，メール等，通信手段はさまざま。それぞれの特性をふまえて有効活用しよう。

相手の気持ちになって
見やすく美しく書こう

■敬称のいろいろ

敬称	使う場面	例
様	職名・役職のない個人	（例）飯田知子様／ご担当者様／経理部長　佐藤一夫様
殿	職名・組織名・役職のある個人（公用文など）	（例）人事部長殿／教育委員会殿／田中四郎殿
先生	職名・役職のない個人	（例）松井裕子先生
御中	企業・団体・官公庁などの組織	（例）○○株式会社御中
各位	複数あてに同一文書を出すとき	（例）お客様各位／会員各位

Point

　封筒・はがきの表書き・裏書きは縦書きが基本だが，洋封筒で親しい人にあてる場合は，横書きでも問題ない。いずれにせよ，定まった位置に，丁寧な文字でバランス良く，正確に記すことが大切。特に相手の住所や名前を乱雑な文字で書くのは，配達の際の間違いを引き起こすだけでなく，受け取る側に不快な思いをさせる。相手の気持ちになって，見やすく美しく書くよう心がけよう。

■各通信手段の長所と短所

	長所	短所	用途
封書	・封を開けなければ本人以外の目に触れることがない。 ・丁寧な印象を受ける。	・多量の資料・画像送付には不向き。 ・相手に届くまで時間がかかる。	・儀礼的な文書(礼状・わび状など) ・目上の人あての文書 ・重要な書類 ・他人に内容を読まれたくない文書
はがき・カード	・封書よりも気軽にやり取りできる。 ・年賀状や季節の便り，旅先からの連絡など絵はがきとしても楽しむことができる。	・封に入っていないため，第三者の目に触れることがある。 ・中身が見えるので，改まった礼状やわび状,こみ入った内容には不向き。 ・相手に届くまで時間がかかる。	・通知状 ・案内状 ・送り状 ・旅先からの便り ・各種お祝い ・お礼 ・季節の挨拶
FAX	・手書きの図やイラストを文章といっしょに送れる。 ・すぐに届く。 ・控えが手元に残る。	・多量の資料の送付には不向き。 ・事務的な用途で使われることが多く，改まった内容の文書，初対面の人へは不向き。	・地図，イラストの入った文書 ・印刷物（本・雑誌など）
電話	・急ぎの連絡に便利。 ・相手の反応をすぐに確認できる。 ・直接声が聞けるので,安心感がある。	・連絡できる時間帯が制限される。 ・長々としたこみ入った内容は伝えづらい。	・緊急の用件 ・確実に用件を伝えたいとき
メール	・瞬時に届く。 ・控えが残る。 ・コストが安い。 ・大容量の資料や画像をデータで送ることができる。 ・一度に大勢の人に送ることができる。 ・相手の居場所や状況を気にせず送れる。	・事務的な印象を与えるので，改まった礼状やわび状には不向き。 ・パソコンや携帯電話を持っていない人には送れない。 ・ウィルスなどへの対応が必要。	・データで送りたいとき ・ビジネス上の連絡

Point

　はがきは手軽で便利だが，おわびやお願い，格式を重んじる手紙には不向きとなる。この種の手紙は内容もこみ入ったものとなり，加えて丁寧な文章で書かなければならないので，数行で済むことはまず考えられない。また，封筒に入っていないため,他人の目に触れるという難点もある。このように，はがきにも長所と短所があるため，使う場面や相手によって，他の通信手段と使い分けることが必要となる。

　はがき以外にも，封書・電話・FAX・メールなど，現代ではさまざまな通信手段がある。上に示したように，それぞれ長所と短所があるので，特徴を知って用途によって上手に使い分けよう。

社会人のマナーとして，電話応対のスキルは必要不可欠。まずは失礼なく電話に出ることからはじめよう。積極性が重要だ。

相手の顔が見えない分
対応には細心の注意を

■電話をかける場合

① ○○先生に電話をする

×「私，□□社の××と言いますが，○○様はおられますでしょうか？」

○「××と申しますが，○○様はいらっしゃいますか？」

「おられますか」は「おる」を謙譲語として使うため，通常は相手がいるかどうかに関しては，「いらっしゃる」を使うのが一般的。

② 相手の状況を確かめる

×「こんにちは，××です，先日のですね…」

○「××です，先日は有り難うございました，今お時間よろしいでしょうか？」

相手が忙しくないかどうか，状況を聞いてから話を始めるのがマナー。また，やむを得ず夜間や早朝，休日などに電話をかける際は，「夜分（朝早く）に申し訳ございません」「お休みのところ恐れ入ります」などのお詫びの言葉もひと言添えて話す。

③ 相手が不在，何時ごろ戻るかを聞く場合

×「戻りは何時ごろですか？」

○「何時ごろお戻りになりますでしょうか？」

「戻り」はそのままの言い方，相手にはきちんと尊敬語を使う。

④ また自分からかけることを伝える

×「そうですか，ではまたかけますので」

○「それではまた後ほど（改めて）お電話させていただきます」

戻る時間がわかる場合は，「またお戻りになりましたころにでも」「また午後にでも」などの表現もできる。

■電話を受ける場合

① 電話を取ったら

× 「はい，もしもし，○○（社名）ですが」

○ **「はい，○○（社名）でございます」**

② 相手の名前を聞いて

× 「どうも，どうも」

○ **「いつもお世話になっております」**

　あいさつ言葉として定着している決まり文句ではあるが，日頃のお付き合いがあってこそ。あいさつ言葉もきちんと述べよう。「お世話様」という言葉も時折耳にするが，敬意が軽い言い方となる。適切な言葉を使い分けよう。

③ 相手が名乗らない

× 「どなたですか？」「どちらさまですか？」

○ **「失礼ですが，お名前をうかがってもよろしいでしょうか？」**

　名乗るのが基本だが，尋ねる態度も失礼にならないように適切な応対を心がけよう。

④ 電話番号や住所を教えてほしいと言われた場合

× 「はい，いいでしょうか？」　　× 「メモのご用意は？」

○ **「はい，申し上げます，よろしいでしょうか？」**

　「メモのご用意は？」は，一見親切なようにも聞こえるが，尋ねる相手も用意していることがほとんど。押し付けがましくならない程度に。

⑤ 上司への取次を頼まれた場合

× 「はい，今代わります」　　× 「○○部長ですね，お待ちください」

○ **「部長の○○でございますね，ただいま代わりますので，少々お待ちくださいませ」**

　○○部長という表現は，相手側の言い方となる。自分側を述べる場合は，「部長の○○」「○○」が適切。

Point

　自分から電話をかける場合は，まずは自分の会社名や氏名を名乗るのがマナー。たとえ目的の相手が直接出た場合でも，電話では相手の様子が見えないことがほとんど。自分の勝手な判断で話し始めるのではなく，相手の都合を伺い，そのうえで話を始めるのが社会人として必要な気配りとなる。

デキるオトナをアピール

時候の挨拶

月	漢語調の表現 候，みぎりなどを付けて用いられます	口語調の表現
1月 （睦月）	初春・新春 頌春・ 小寒・大寒・厳寒	皆様におかれましては，よき初春をお迎えのことと存じます／厳しい寒さが続いております／珍しく暖かな寒の入りとなりました／大寒という言葉通りの厳しい寒さでございます
2月 （如月）	春寒・余寒・残寒・ 立春・梅花・向春	立春とは名ばかりの寒さ厳しい毎日でございます／梅の花もちらほらとふくらみ始め，春の訪れを感じる今日この頃です／春の訪れが待ち遠しいこのごろでございます
3月 （弥生）	早春・浅春・春寒・ 春分・春暖	寒さもようやくゆるみ，日ましに春めいてまいりました／ひと雨ごとに春めいてまいりました／日増しに暖かさが加わってまいりました
4月 （卯月）	春暖・陽春・桜花・ 桜花爛漫	桜花爛漫の季節を迎えました／春光うららかな好季節となりました／花冷えとでも申しましょうか，何だか肌寒い日が続いております
5月 （皐月）	新緑・薫風・惜春・ 晩春・立夏・若葉	風薫るさわやかな季節を迎えました／木々の緑が目にまぶしいようでございます／目に青葉，山ほととぎす，初鰹の句も思い出される季節となりました
6月 （水無月）	梅雨・向暑・初夏・ 薄暑・麦秋	初夏の風もさわやかな毎日でございます／梅雨前線が近づいてまいりました／梅雨の晴れ間にのぞく青空は，まさに夏を思わせるようです
7月 （文月）	盛夏・大暑・炎暑・ 酷暑・猛暑	梅雨が明けたとたん，うだるような暑さが続いております／長い梅雨も明け，いよいよ本格的な夏がやってまいりました／風鈴の音がわずかに涼を運んでくれているようです
8月 （葉月）	残暑・晩夏・処暑・ 秋暑	立秋とはほんとうに名ばかりの厳しい暑さの毎日です／残暑たえがたい毎日でございます／朝夕はいくらかしのぎやすくなってまいりました
9月 （長月）	初秋・新秋・爽秋・ 新涼・清涼	九月に入りましてもなお，日差しの強い毎日です／暑さもやっとおとろえはじめたようでございます／残暑も去り，ずいぶんとしのぎやすくなってまいりました
10月 （神無月）	清秋・錦秋・秋涼・ 秋冷・寒露	秋風もさわやかな過ごしやすい季節となりました／街路樹の葉も日ごとに色を増しております／紅葉の便りの開かれるころとなりました／秋深く，日増しに冷気も加わってまいりました
11月 （霜月）	晩秋・暮秋・霜降・ 初霜・向寒	立冬を迎え，まさに冬到来を感じる寒さです／木枯らしの季節になりました／日ごとに冷気が増すようでございます／朝夕はひときわ冷え込むようになりました
12月 （師走）	寒冷・初冬・師走・ 歳晩	師走を迎え，何かと慌ただしい日々をお過ごしのことと存じます／年の瀬も押しつまり，何かとお忙しくお過ごしのことと存じます／今年も残すところわずかとなりました，お忙しい毎日とお察しいたします

いますぐデキる
シチュエーション別会話例

シチュエーション1　取引先との会話

「非常に素晴らしいお話で感心しました」→NG！

　「感心する」は相手の立派な行為や，優れた技量などに心を動かされるという意味。意味としては間違いではないが，目上の人に用いると，偉そうに聞こえかねない表現。「感動しました」などに言い換えるほうが好ましい。

シチュエーション2　子どもとの会話

「お母さんは，明日はいますか？」→NG！

　たとえ子どもとの会話でも，子どもの年齢によっては，ある程度の敬語を使うほうが好ましい。「明日はいらっしゃいますか」では，むずかしすぎると感じるならば，「お出かけですか」などと表現することもできる。

シチュエーション3　同僚との会話

「今，お暇ですか」→NG？

　同じ立場同士なので，暇に「お」が付いた形で「お暇」ぐらいでも構わないともいえるが，「暇」というのは，するべきことも何もない時間という意味。そのため「お暇ですか」では，あまりにも直接的になってしまう。その意味では「手が空いている」→「空いていらっしゃる」→「お手透き」などに言い換えることで，やわらかく敬意も含んだ表現になる。

シチュエーション4　上司との会話

「なるほどですね」→NG！

　「なるほど」とは，相手の言葉を受けて，自分も同意見であることを表すため，相手の言葉・意見を自分が評価するというニュアンスも含まれている。そのため自分が評価して述べているという偉そうな表現にもなりかねない。同じ同意ならば，頷き「おっしゃる通りです」などの言葉のほうが誤解なく伝わる。

就活スケジュールシート

■年間スケジュールシート

1月	2月	3月	4月	5月	6月
企業関連スケジュール					
自己の行動計画					

就職活動をすすめるうえで，当然重要になってくるのは，自己のスケジュール管理だ。企業の選考スケジュールを把握することも大切だが，自分のペースで進めることになる自己分析や業界・企業研究，面接試験のトレーニング等の計画を立てることも忘れてはいけない。スケジュールシートに「記入」する作業を通して，短期・長期の両方の面から就職試験を考えるきっかけにしよう。

7月	8月	9月	10月	11月	12月
企業関連スケジュール					
自己の行動計画					

第**4**章

SPI対策

ほとんどの企業では，基本的な資質や能力を見極める
ため適性検査を実施しており，現在最も使われている
のがリクルートが開発した「SPI」である。

テストの内容は，「言語能力」「非言語能力」「性格」
の3つに分かれている。その人がどんな人物で，どん
な仕事で力を発揮しやすいのか，また，どんな組織に
なじみやすいかなどを把握するために行われる。

この章では，SPIの「言語能力」及び「非言語能力」の
分野で，頻出内容を絞って，演習問題を構成している。
演習問題に複数回チャレンジし，解説をしっかりと熟
読して，学習効果を高めよう。

SPI 対策

● SPI とは

　SPIは，Synthetic Personality Inventoryの略称で，株式会社リクルートが開発・販売を行っている就職採用向けのテストである。昭和49年から提供が始まり，平成14年と平成25年の2回改訂が行われ，現在はSPI3が最新になる。

　SPIは，応募者の仕事に対する適性，職業の適性能力，興味や関心を見極めるのに適しており，現在の就職採用テストでは主流となっている。

　SPIは，「知的能力検査」と「性格検査」の2領域にわけて測定され，知的能力検査は「言語能力検査（国語）」と「非言語能力検査（数学）」に分かれている。オプション検査として，「英語（ENG）検査」を実施することもある。性格適性検査では，性格を細かく分析するために，非常に多くの質問が出される。SPIの性格適性検査では，正式な回答はなく，全ての質問に正直に答えることが重要である。

　本章では，その中から，「言語能力検査」と「非言語能力検査」に絞って収録している。

● SPI を利用する企業の目的

①：志望者から人数を絞る

　一部上場企業にもなると，数万単位の希望者が応募してくる。基本的な資質能力や会社への適性能力を見極めるため，SPIを使って，人数の絞り込みを行う。

②：知的能力を見極める

　SPIは，応募者1人1人の基本的な知的能力を比較することができ，それによって，受検者の相対的な知的能力を見極めることが可能になる。

③：性格をチェックする

　その職種に対する適性があるが，300程度の簡単な質問によって発想力やパーソナリティを見ていく。性格検査なので，正解というものはなく，正直に回答していくことが重要である。

● SPIの受検形式

SPIは，企業の会社説明会や会場で実施される「ペーパーテスト形式」と，パソコンを使った「テストセンター形式」とがある。

近年，ペーパーテスト形式は減少しており，ほとんどの企業が，パソコンを使ったテストセンター形式を採用している。志望する企業がどのようなテストを採用しているか，早めに確認し，対策を立てておくこと。

● SPIの出題形式

SPIは，言語分野，非言語分野，英語（ENG），性格適性検査に出題形式が分かれている。

科目	出題範囲・内容
言語分野	二語の関係，語句の意味，語句の用法，文の並び換え，空欄補充，熟語の成り立ち，文節の並び換え，長文読解　等
非言語分野	推論，場合の数，確率，集合，損益算，速度算，表の読み取り，資料の読み取り，長文読み取り　等
英語（ENG）	同意語，反意語，空欄補充，英英辞書，誤文訂正，和文英訳，長文読解　等
性格適性検査	質問：300問程度　時間：約35分

● 受検対策

本章では，出題が予想される問題を厳選して収録している。問題と解答だけではなく，詳細な解説も収録しているので，分からないところは複数回問題を解いてみよう。

言語分野

二語関係

同音異義語

●あいせき
哀惜　死を悲しみ惜しむこと
愛惜　惜しみ大切にすること
●いぎ
意義　意味・内容・価値
異議　他人と違う意見
威儀　いかめしい挙動
異義　異なった意味
●いし
意志　何かをする積極的な気持ち
意思　しようとする思い・考え
●いどう
異同　異なり・違い・差
移動　場所を移ること
異動　地位・勤務の変更
●かいこ
懐古　昔を懐かしく思うこと
回顧　過去を振り返ること
解雇　仕事を辞めさせること
●かいてい
改訂　内容を改め直すこと
改定　改めて定めること
●かんしん
関心　気にかかること
感心　心に強く感じること
歓心　嬉しいと思う心

寒心　肝を冷やすこと
●きてい
規定　規則・定め
規程　官公庁などの規則
●けんとう
見当　だいたいの推測・判断・
　　　めあて
検討　調べ究めること
●こうてい
工程　作業の順序
行程　距離・みちのり
●じき
直　　すぐに
時期　時・折り・季節
時季　季節・時節
時機　適切な機会
●しゅし
趣旨　趣意・理由・目的
主旨　中心的な意味
●たいけい
体型　人の体格
体形　人や動物の形態
体系　ある原理に基づき個々のも
　　　のを統一したもの
大系　系統立ててまとめた叢書
●たいしょう

対象　行為や活動が向けられる相手

対称　対応する位置にあること

対照　他のものと照らし合わせること

●たんせい

端正　人の行状が正しくきちんとしているさま

端整　人の容姿が整っているさま

●はんざつ

繁雑　ごたごたと込み入ること

煩雑　煩わしく込み入ること

●ほしょう

保障　保護して守ること

保証　確かだと請け合うこと

補償　損害を補い償うこと

●むち

無知　知識・学問がないこと

無恥　恥を知らないこと

●ようけん

要件　必要なこと

用件　なすべき仕事

同訓漢字

●あう

合う…好みに合う。答えが合う。

会う…客人と会う。立ち会う。

遭う…事故に遭う。盗難に遭う。

●あげる

上げる…プレゼントを上げる。効果を上げる。

挙げる…手を挙げる。全力を挙げる。

揚げる…凧を揚げる。てんぷらを揚げる。

●あつい

暑い…夏は暑い。暑い部屋。

熱い…熱いお湯。熱い視線を送る。

厚い…厚い紙。面の皮が厚い。

篤い…志の篤い人。篤い信仰。

●うつす

写す…写真を写す。文章を写す。

映す…映画をスクリーンに映す。鏡に姿を映す。

●おかす

冒す…危険を冒す。病に冒された人。

犯す…犯罪を犯す。法律を犯す。

侵す…領空を侵す。プライバシーを侵す。

●おさめる

治める…領地を治める。水を治める。

収める…利益を収める。争いを収める。

修める…学問を修める。身を修める。

納める…税金を納める。品物を納める。

●かえる

変える…世界を変える。性格を変える。

代える…役割を代える。背に腹は代えられぬ。

替える…円をドルに替える。服を替える。

●きく
聞く…うわさ話を聞く。明日の天気を聞く。
聴く…音楽を聴く。講義を聴く。

●しめる
閉める…門を閉める。ドアを閉める。
締める…ネクタイを締める。気を引き締める。
絞める…首を絞める。絞め技をかける。

●すすめる
進める…足を進める。話を進める。
勧める…縁談を勧める。加入を勧める。
薦める…生徒会長に薦める。

●つく
付く…傷が付いた眼鏡。気が付く。
着く…待ち合わせ場所の公園に着く。地に足が着く。

就く…仕事に就く。外野の守備に就く。

●つとめる
務める…日本代表を務める。主役を務める。
努める…問題解決に努める。療養に努める。
勤める…大学に勤める。会社に勤める。

●のぞむ
望む…自分の望んだ夢を追いかける。
臨む…記者会見に臨む。決勝に臨む。

●はかる
計る…時間を計る。将来を計る。
測る…飛行距離を測る。水深を測る。

●みる
見る…月を見る。ライオンを見る。
診る…患者を診る。脈を診る。

演習問題

1 カタカナで記した部分の漢字として適切なものはどれか。

1　手続きがハンザツだ　　　　　　【汎雑】
2　誤りをカンカすることはできない　【観過】
3　ゲキヤクなので取扱いに注意する　【激薬】
4　クジュウに満ちた選択だった　　　【苦重】
5　キセイの基準に従う　　　　　　　【既成】

2 下線部の漢字として適切なものはどれか。

家で飼っている熱帯魚を<u>かんしょう</u>する。

1 干渉
2 観賞
3 感傷
4 勧奨
5 鑑賞

3 下線部の漢字として適切なものはどれか。

彼に責任を<u>ついきゅう</u>する。

1 追窮
2 追究
3 追給
4 追求
5 追及

4 下線部の語句について，両方とも正しい表記をしているものはどれか。

1 私と母とは<u>相生</u>がいい。　・この歌を<u>愛唱</u>している。
2 それは<u>規成</u>の事実である。　・<u>既製品</u>を買ってくる。
3 同音<u>異義語</u>を見つける。　・会議で<u>意議</u>を申し立てる。
4 選挙の<u>大勢</u>が決まる。　・作曲家として<u>大成</u>する。
5 <u>無常</u>の喜びを味わう。　・<u>無情</u>にも雨が降る。

5 下線部の漢字として適切なものはどれか。

彼の体調は<u>かいほう</u>に向かっている。

1 介抱
2 快方
3 解放
4 回報
5 開放

1 5

解説 1 「煩雑」が正しい。「汎」は「汎用(はんよう)」などと使う。
2 「看過」が正しい。「観」は「観光」や「観察」などと使う。 3 「劇薬」
が正しい。「少量の使用であってもはげしい作用のするもの」という意味
であるが「激」を使わないことに注意する。 4 「苦渋」が正しい。苦し
み悩むという意味で、「苦悩」と同意であると考えてよい。 5 「既成概
念」などと使う場合もある。同音で「既製」という言葉があるが、これは
「既製服」や「既製品」という言葉で用いる。

2 2

解説 同音異義語や同訓異字の問題は、その漢字を知っているだけで
は対処できない。「植物や魚などの美しいものを見て楽しむ」場合は「観
賞」を用いる。なお、「芸術作品」に関する場合は「鑑賞」を用いる。

3 5

解説 「ついきゅう」は、特に「追究」「追求」「追及」が頻出である。「追
究」は「あることについて徹底的に明らかにしようとすること」、「追求」
は「あるものを手に入れようとすること」、「追及」は「後から厳しく調べ
ること」という意味である。ここでは、「責任」という言葉の後にあるので、
「厳しく」という意味が含まれている「追及」が適切である。

4 4

解説 1の「相生」は「相性」、2の「規成」は「既成」、3の「意議」は「異
議」、5の「無常」は「無上」が正しい。

5 2

解説 「快方」は「よい方向に向かっている」という意味である。なお、
1は病気の人の世話をすること、3は束縛を解いて自由にすること、4は
複数人で回し読む文書、5は出入り自由として開け放つ、の意味。

熟語

四字熟語

□曖昧模糊　あいまいもこ―はっきりしないこと。

□阿鼻叫喚　あびきょうかん―苦しみに耐えられないで泣き叫ぶこと。はなはだしい惨状を形容する語。

□暗中模索　あんちゅうもさく―暗闇で手さぐりでものを探すこと。様子がつかめずどうすればよいかわからないままやってみること。

□以心伝心　いしんでんしん―無言のうちに心から心に意思が通じ合うこと。

□一言居士　いちげんこじ―何事についても自分の意見を言わなければ気のすまない人。

□一期一会　いちごいちえ――生のうち一度だけの機会。

□一日千秋　いちじつせんしゅう――日会わなければ千年も会わないように感じられることから，一日が非常に長く感じられること。

□一念発起　いちねんほっき―決心して信仰の道に入ること。転じてある事を成就させるために決心すること。

□一網打尽　いちもうだじん――網打つだけで多くの魚を捕らえることから，一度に全部捕らえること。

□一獲千金　いっかくせんきん――時にたやすく莫大な利益を得ること。

□一挙両得　いっきょりょうとく――つの行動で二つの利益を得ること。

□意馬心猿　いばしんえん―馬が走り，猿が騒ぐのを抑制できないことにたとえ，煩悩や欲望の抑えられないさま。

□意味深長　いみしんちょう―意味が深く含蓄のあること。

□因果応報　いんがおうほう―よい行いにはよい報いが，悪い行いには悪い報いがあり，因と果とは相応じるものであるということ。

□慇懃無礼　いんぎんぶれい―うわべはあくまでも丁寧だが，実は尊大であること。

□有為転変　ういてんぺん―世の中の物事の移りやすくはかない様子のこと。

□右往左往　うおうさおう―多くの人が秩序もなく動き，あっちへ行ったりこっちへ来たり，混乱すること。

□右顧左眄　うこさべん―右を見たり，左を見たり，周囲の様子ばかりうかがっていて決断しないこと。

□有象無象　うぞうむぞう―世の中の無形有形の一切のもの。たくさん集まったつまらない人々。

□海千山千　うみせんやません―経験を積み，その世界の裏まで知り抜いている老獪な人。

□紆余曲折　うよきょくせつ―まがりくねっていること。事情が込み入って，状況がいろいろ変化すること。

□雲散霧消　うんさんむしょう―雲や霧が消えるように，あとかたもなく消えること。

□栄枯盛衰　えいこせいすい―草木が繁り，枯れていくように，盛んになったり衰えたりすること。世の中の浮き沈みのこと。

□栄耀栄華　えいようえいが―権力や富貴をきわめ，おごりたかぶること。

□会者定離　えしゃじょうり―会う者は必ず離れる運命をもつということ。人生の無常を説いたことば。

□岡目八目　おかめはちもく―局外に立ち，第三者の立場で物事を観察すると，その是非や損失がよくわかるということ。

□温故知新　おんこちしん―古い事柄を究め新しい知識や見解を得ること。

□臥薪嘗胆　がしんしょうたん―たきぎの中に寝，きもをなめる意で，目的を達成するのために苦心，苦労を重ねること。

□花鳥風月　かちょうふうげつ―自然界の美しい風景，風雅のこころ。

□我田引水　がでんいんすい―自分の利益となるように発言したり行動したりすること。

□画竜点睛　がりょうてんせい―竜を描いて最後にひとみを描き加えたところ，天に上ったという故事から，物事を完成させるために最後に付け加える大切な仕上げ。

□夏炉冬扇　かろとうせん―夏の火鉢，冬の扇のようにその場に必要のない事物。

□危急存亡　ききゅうそんぼう―危機が迫ってこのまま生き残れるか滅びるかの瀬戸際。

□疑心暗鬼　ぎしんあんき―心の疑いが妄想を引き起こして実際にはいない鬼の姿が見えるようになることから，疑心が起こると何で

もないことまで恐ろしくなること。

□玉石混交　ぎょくせきこんこう―すぐれたものとそうでないものが入り混じっていること。

□荒唐無稽　こうとうむけい―言葉や考えによりどころがなく，とりとめもないこと。

□五里霧中　ごりむちゅう―迷って考えの定まらないこと。

□針小棒大　しんしょうぼうだい―物事を大袈裟にいうこと。

□大同小異　だいどうしょうい―細部は異なっているが総体的には同じであること。

□馬耳東風　ばじとうふう―人の意見や批評を全く気にかけず聞き流すこと。

□波瀾万丈　はらんばんじょう―さまざまな事件が次々と起き，変化に富むこと。

□付和雷同　ふわらいどう――定の見識がなくただ人の説にわけもなく賛同すること。

□粉骨砕身　ふんこつさいしん―力の限り努力すること。

□羊頭狗肉　ようとうくにく―外見は立派だが内容がともなわないこと。

□竜頭蛇尾　りゅうとうだび―初めは勢いがさかんだが最後はふるわないこと。

□臨機応変　りんきおうへん―時と場所に応じて適当な処置をとること。

演習問題

1 「海千山千」の意味として適切なものはどれか。
　1　様々な経験を積み，世間の表裏を知り尽くしてずる賢いこと
　2　今までに例がなく，これからもあり得ないような非常に珍しいこと
　3　人をだまし丸め込む手段や技巧のこと
　4　一人で千人の敵を相手にできるほど強いこと
　5　広くて果てしないこと

2 四字熟語として適切なものはどれか。

1 竜頭堕尾
2 沈思黙考
3 孟母断危
4 理路正然
5 猪突猛伸

3 四字熟語の漢字の使い方がすべて正しいものはどれか。

1 純真無垢　　青天白日　　疑心暗鬼
2 短刀直入　　自我自賛　　危機一髪
3 厚顔無知　　思考錯誤　　言語同断
4 異句同音　　一鳥一石　　好機当来
5 意味深長　　興味深々　　五里霧中

4 「一蓮托生」の意味として適切なものはどれか。

1 一味の者を一度で全部つかまえること。
2 物事が順調に進行すること。
3 ほかの事に注意をそらさず，一つの事に心を集中させているさま。
4 善くても悪くても行動・運命をともにすること。
5 妥当なものはない。

5 故事成語の意味で適切なものはどれか。
「塞翁(さいおう)が馬」

1 たいして差がない
2 幸不幸は予測できない
3 肝心なものが欠けている
4 実行してみれば意外と簡単
5 努力がすべてむだに終わる

◯◯◯解答・解説◯◯◯

1 1

解説 2は「空前絶後」, 3は「手練手管」, 4は「一騎当千」, 5は「広大無辺」である。

2 2

解説 2の沈思黙考は,「思いにしずむこと。深く考えこむこと。」の意味である。なお, 1は竜頭蛇尾(始めは勢いが盛んでも, 終わりにはふるわないこと), 3は孟母断機(孟子の母が織りかけの織布を断って, 学問を中途でやめれば, この断機と同じであると戒めた譬え), 4は理路整然(話や議論の筋道が整っていること), 5は猪突猛進(いのししのように向こう見ずに一直線に進むこと)が正しい。

3 1

解説 2は「単刀直入」「自画自賛」, 3は「厚顔無恥」「試行錯誤」「言語道断」, 4は「異口同音」「一朝一夕」「好機到来」, 5は「興味津々」が正しい。四字熟語の意味を理解する際, どのような字で書かれているかを意識するとよい。

4 4

解説 「一蓮托生」は, よい行いをした者は天国に行き, 同じ蓮の花の上に生まれ変わるという仏教の教えから,「(ことの善悪にかかわらず)仲間として行動や運命をともにすること」をいう。

5 2

解説 「塞翁が馬」は「人間万事塞翁が馬」と表す場合もある。1は「五十歩百歩」, 3は「画竜点睛に欠く」, 4は「案ずるより産むが易し」, 5は「水泡に帰する」の故事成語の意味である。

語の使い方

文法

I　品詞の種類

```
                    ┌─ 主語となる（体言）…………………………… 名詞
          ┌─ 活用しない ─┤                      ┌─ 用言を修飾……………… 副詞
          │          │         ┌─ 修飾する ─┤
          │          │         │          └─ 体言を修飾……………… 連体詞
          │          └─ 主語とならない ─┤
   ┌─ 自立語 ─┤                    └─ 修飾しない………………… 接続詞・感動詞
   │      └─ 活用する（用言）…………………………… 動詞・形容詞・形容動詞
単語 ─┤
   │      ┌─ 活用する…………………………………………… 助動詞
   └─ 付属語 ─┤
          └─ 活用しない……………………………………… 助詞
```

II　動詞の活用形

活用	基本	語幹	未然	連用	終止	連体	仮定	命令
五段	読む	読	ま　も	み	む	む	め	め
上一段	見る	見	み	み	みる	みる	みれ	みよ
下一段	捨てる	捨	て	て	てる	てる	てれ	てよ　てろ
カ変	来る	来	こ	き	くる	くる	くれ	こい
サ変	する	す	さ　せ　し	し	する	する	すれ	せよ　しろ
	主な接続語		ナイ　ウ・ヨウ	マス　テ・タ	言い切る	コト　トキ	バ	命令

III　形容詞の活用形

基本	語幹	未然	連用	終止	連体	仮定	命令
美しい	うつくし	かろ	かっ　く	い	い	けれ	○
主な用法		ウ	ナル　タ	言い切る	体言	バ	

IV　形容動詞の活用形

基本	語幹	未然	連用	終止	連体	仮定	命令
静かだ	静か	だろ	だっ　で　に	だ	な	なら	○
主な用法		ウ	タ　アル　ナル	言い切る	体言	バ	

V　文の成分

　　主語・述語の関係………花が — 咲いた。
　　修飾・被修飾の関係……きれいな — 花。
　　接続の関係………………花が咲いた<u>ので</u>，花見をした。
　　並立の関係………………<u>赤い花</u>と<u>白い花</u>。
　　補助の関係………………花が<u>咲いている</u>。（二文節で述語となっている）

〈副詞〉自立語で活用せず，単独で文節を作り，多く連用修飾語を作る。
　　状態を表すもの…………ついに・さっそく・しばらく・ぴったり・すっかり
　　程度を表すもの…………もっと・すこし・ずいぶん・ちょっと・ずっと
　　陳述の副詞………………決して〜ない・なぜ〜か・たぶん〜だろう・もし〜ば

〈**助動詞**〉付属語で活用し，主として用言や他の助動詞について意味を添える。
　① 使役……せる・させる（学校に行か<u>せる</u>　服を着<u>させる</u>）
　② 受身……れる・られる（先生に怒ら<u>れる</u>　人に見<u>られる</u>）
　③ 可能……れる・られる（歩いて行か<u>れる</u>距離　まだ着<u>られる</u>服）
　④ 自発……れる・られる（ふと思い出<u>される</u>　容態が案じ<u>られる</u>）
　⑤ 尊敬……れる・られる（先生が話<u>される</u>　先生が来<u>られる</u>）
　⑥ 過去・完了……た（話を聞い<u>た</u>　公園で遊ん<u>だ</u>）
　⑦ 打消……ない・ぬ（僕は知ら<u>ない</u>　知ら<u>ぬ</u>存ぜ<u>ぬ</u>）
　⑧ 推量……だろう・そうだ（晴れる<u>だろう</u>　晴れ<u>そうだ</u>）
　⑨ 意志……う・よう（旅行に行こ<u>う</u>　彼女に告白し<u>よう</u>）
　⑩ 様態……そうだ（雨が降り<u>そうだ</u>）
　⑪ 希望……たい・たがる（いっぱい遊び<u>たい</u>　おもちゃを欲し<u>がる</u>）
　⑫ 断定……だ（悪いのは相手の方<u>だ</u>）
　⑬ 伝聞……そうだ（試験に合格した<u>そうだ</u>）
　⑭ 推定……らしい（明日は雨<u>らしい</u>）
　⑮ 丁寧……です・ます（それはわたし<u>です</u>　ここにあり<u>ます</u>）
　⑯ 打消推量・打消意志……まい（そんなことはある<u>まい</u>　けっして言う<u>まい</u>）

〈助詞〉付属語で活用せず，ある語について，その語と他の語との関係を
補助したり，意味を添えたりする。
　① 格助詞……主として体言に付き，その語と他の語の関係を示す。
　　　→が・の・を・に・へ・と・から・より・で・や
　② 副助詞……いろいろな語に付いて，意味を添える。
　　　→は・も・か・こそ・さえ・でも・しか・まで・ばかり・だけ・など
　③ 接続助詞……用言・活用語に付いて，上と下の文節を続ける。
　　　→ば・けれども・が・のに・ので・ても・から・たり・ながら
　④ 終助詞……文末（もしくは文節の切れ目）に付いて意味を添える。
　　　→なあ（感動）・よ（念押し）・な（禁止）・か（疑問）・ね（念押し）

演習問題

[1] 次のア～オのうち，下線部の表現が適切でないものはどれか。
　1　彼はいつもまわりに愛嬌をふりまいて，場を和やかにしてくれる。
　2　的を射た説明によって，よく理解することができた。
　3　舌先三寸で人をまるめこむのではなく，誠実に説明する。
　4　この重要な役目は，彼女に白羽の矢が当てられた。
　5　二の舞を演じないように，失敗から学ばなくてはならない。

[2] 次の文について，言葉の用法として適切なものはどれか。
　1　矢折れ刀尽きるまで戦う。
　2　ヘルプデスクに電話したが「分かりません」と繰り返すだけで取り付
　　く暇もなかった。
　3　彼の言動は肝に据えかねる。
　4　彼は証拠にもなく何度も賭け事に手を出した。
　5　適切なものはない。

[3] 下線部の言葉の用法として適切なものはどれか。
　1　彼はのべつ暇なく働いている。
　2　あの人の言動は常軌を失っている。
　3　彼女は熱に泳がされている。
　4　彼らの主張に対して間髪をいれずに反論した。
　5　彼女の自分勝手な振る舞いに顔をひそめた。

4 次の文で，下線部が適切でないものはどれか。
1 ぼくの目標は，兄より早く走れるように<u>なること</u>です。
2 先生の<u>おっしゃること</u>をよく聞くのですよ。
3 昨日は家で本を読んだり，テレビを<u>見</u>ていました。
4 風にざわめく木々は，まるで私たちにあいさつを<u>しているようだった</u>。
5 先生の業績については，よく<u>存じております</u>。

5 下線部の言葉の用法が適切でないものはどれか。
1 <u>急いては事を仕損じる</u>ので，マイペースを心がける。
2 彼女は<u>目端が利く</u>。
3 <u>世知辛い</u>世の中になったものだ。
4 安全を<u>念頭に置いて</u>作業を進める。
5 次の試験に<u>標準を合わせて</u>勉強に取り組む。

○○○解答・解説○○○

1 4

解説 1の「愛嬌をふりまく」は，おせじなどをいい，明るく振る舞うこと，2の「的を射る」は的確に要点をとらえること，3の「舌先三寸」は口先だけの巧みに人をあしらう弁舌のこと，4はたくさんの中から選びだされるという意味だが，「白羽の矢が当てられた」ではなく，「白羽の矢が立った」が正しい。5の「二の舞を演じる」は他人がした失敗を自分もしてしまうという意味である。

2 5

解説 1「刀折れ矢尽きる」が正しく，「なす術がなくなる」という意味である。 2 話を進めるきっかけが見つからない。すがることができない，という意味になるのは「取り付く島がない」が正しい。 3 「言動」という言葉から，「我慢できなくなる」という意味の言葉を使う必要がある。「腹に据えかねる」が正しい。 4 「何度も賭け事に手を出した」という部分から「こりずに」という意味の「性懲りもなく」が正しい。

3 4

解説 1「のべつ幕なしに」，2は「常軌を逸している」，3は「熱に浮かされている」，5は「眉をひそめた」が正しい。

4 3

解説 3は前に「読んだり」とあるので，後半も「見たり」にしなければならないが，「見ていました」になっているので表現として適当とはいえない。

5 5

解説 5は，「狙う，見据える」という意味の「照準」を使い，「照準を合わせて」と表記するのが正しい。

非言語分野

演習問題

1 分数 $\dfrac{30}{7}$ を小数で表したとき，小数第100位の数字として正しいものはどれか。

  1　1　　　2　2　　　3　4　　　4　5　　　5　7

2 $x=\sqrt{2}-1$ のとき，$x+\dfrac{1}{x}$ の値として正しいものはどれか。

  1　$2\sqrt{2}$　　2　$2\sqrt{2}-2$　　3　$2\sqrt{2}-1$　　4　$3\sqrt{2}-3$

  5　$3\sqrt{2}-2$

3 360の約数の総和として正しいものはどれか。

  1　1060　　2　1170　　3　1250　　4　1280　　5　1360

4 $\dfrac{x}{2}=\dfrac{y}{3}=\dfrac{z}{5}$ のとき，$\dfrac{x-y+z}{3x+y-z}$ の値として正しいものはどれか。

  1　-2　　2　-1　　3　$\dfrac{1}{2}$　　4　1　　5　$\dfrac{3}{2}$

5 $\dfrac{\sqrt{2}}{\sqrt{2}-1}$ の整数部分を a，小数部分を b とするとき，$a \times b$ の値として正しいものは次のうちどれか。

  1　$\sqrt{2}$　　2　$2\sqrt{2}-2$　　3　$2\sqrt{2}-1$　　4　$3\sqrt{2}-3$

  5　$3\sqrt{2}-2$

6 $x=\sqrt{5}+\sqrt{2}$，$y=\sqrt{5}-\sqrt{2}$ のとき，x^2+xy+y^2 の値として正しいものはどれか。

  1　15　　2　16　　3　17　　4　18　　5　19

7 $\dfrac{\sqrt{2}}{\sqrt{2}-1}$ の整数部分をa, 小数部分をbとするとき, b^2の値として正しいものはどれか。

  1 $2-\sqrt{2}$ 2 $1+\sqrt{2}$ 3 $2+\sqrt{2}$ 4 $3+\sqrt{2}$
  5 $3-2\sqrt{2}$

8 ある中学校の生徒全員のうち, 男子の7.5%, 女子の6.4%を合わせて37人がバドミントン部員であり, 男子の2.5%, 女子の7.2%を合わせて25人が吹奏楽部員である。この中学校の女子全員の人数は何人か。

  1 246人   2 248人   3 250人   4 252人   5 254人

9 連続した3つの正の偶数がある。その小さい方2数の2乗の和は, 一番大きい数の2乗に等しいという。この3つの数のうち, 最も大きい数として正しいものはどれか。

  1 6   2 8   3 10   4 12   5 14

○○○解答・解説○○○

1 5
解説 実際に30を7で割ってみると,
$\dfrac{30}{7} = 4.28571428571\cdots$ となり, 小数点以下は, 6つの数字 "285714" が繰り返されることがわかる。$100 \div 6 = 16$ 余り4だから, 小数第100位は, "285714" のうちの4つ目の "7" である。

2 1
解説 $x=\sqrt{2}-1$を$x+\dfrac{1}{x}$に代入すると,

$$x+\dfrac{1}{x} = \sqrt{2}-1+\dfrac{1}{\sqrt{2}-1} = \sqrt{2}-1+\dfrac{\sqrt{2}+1}{(\sqrt{2}-1)(\sqrt{2}+1)}$$

$$= \sqrt{2}-1+\dfrac{\sqrt{2}+1}{2-1}$$

$$= \sqrt{2}-1+\sqrt{2}+1 = 2\sqrt{2}$$

3 2

解説 360を素因数分解すると，$360 = 2^3 \times 3^2 \times 5$ であるから，約数の総和は $(1 + 2 + 2^2 + 2^3)(1 + 3 + 3^2)(1 + 5) = (1 + 2 + 4 + 8)(1 + 3 + 9)(1 + 5) = 15 \times 13 \times 6 = 1170$ である。

4 4

解説 $\dfrac{x}{2} = \dfrac{y}{3} = \dfrac{z}{5} = A$ とおく。

$x = 2A$，$y = 3A$，$z = 5A$ となるから，

$x - y + z = 2A - 3A + 5A = 4A$，$3x + y - z = 6A + 3A - 5A = 4A$

したがって，$\dfrac{x - y + z}{3x + y - z} = \dfrac{4A}{4A} = 1$ である。

5 4

解説 分母を有理化する。

$\dfrac{\sqrt{2}}{\sqrt{2} - 1} = \dfrac{\sqrt{2}(\sqrt{2} + 1)}{(\sqrt{2} - 1)(\sqrt{2} + 1)} = \dfrac{2 + \sqrt{2}}{2 - 1} = 2 + \sqrt{2} = 2 + 1.414\cdots = 3.414\cdots$

であるから，$a = 3$ であり，$b = (2 + \sqrt{2}) - 3 = \sqrt{2} - 1$ となる。

したがって，$a \times b = 3(\sqrt{2} - 1) = 3\sqrt{2} - 3$

6 3

解説 $(x + y)^2 = x^2 + 2xy + y^2$ であるから，

$x^2 + xy + y^2 = (x + y)^2 - xy$ と表せる。

ここで，$x + y = (\sqrt{5} + \sqrt{2}) + (\sqrt{5} - \sqrt{2}) = 2\sqrt{5}$，

$xy = (\sqrt{5} + \sqrt{2})(\sqrt{5} - \sqrt{2}) = 5 - 2 = 3$

であるから，求める $(x + y)^2 - xy = (2\sqrt{5})^2 - 3 = 20 - 3 = 17$

7 5

解説 分母を有理化すると，

$\dfrac{\sqrt{2}}{\sqrt{2} - 1} = \dfrac{\sqrt{2}(\sqrt{2} + 1)}{(\sqrt{2} - 1)(\sqrt{2} + 1)} = \dfrac{2 + \sqrt{2}}{2 - 1} = 2 + \sqrt{2}$

$\sqrt{2} = 1.4142\cdots\cdots$ であるから，$2 + \sqrt{2} = 2 + 1.4142\cdots\cdots = 3.14142\cdots\cdots$

したがって，$a = 3$，$b = 2 + \sqrt{2} - 3 = \sqrt{2} - 1$ といえる。

したがって，$b^2 = (\sqrt{2} - 1)^2 = 2 - 2\sqrt{2} + 1 = 3 - 2\sqrt{2}$ である。

8 3

解説 男子全員の人数を x，女子全員の人数を y とする。

$0.075x + 0.064y = 37 \cdots ①$

$0.025x + 0.072y = 25 \cdots ②$

①－②×3 より

$$\begin{aligned} & \begin{cases} 0.075x + 0.064y = 37 \cdots ① \\ 0.075x + 0.216y = 75 \cdots ②' \end{cases} \\ &\underline{-)\phantom{\begin{cases}0.075x + 0.064y = 37\end{cases}}} \\ & -0.152y = -38 \end{aligned}$$

$\therefore\quad 152y = 38000 \qquad \therefore\quad y = 250 \quad x = 280$

よって，女子全員の人数は250人。

9 3

解説 3つのうちの一番小さいものを $x(x>0)$ とすると，連続した3つの正の偶数は，x, $x+2$, $x+4$ であるから，与えられた条件より，次の式が成り立つ。$x^2+(x+2)^2 = (x+4)^2$　かっこを取って，$x^2+x^2+4x+4=x^2+8x+16$　整理して，$x^2-4x-12=0$　よって，$(x+2)(x-6)=0$　よって，$x=-2, 6$　$x>0$ だから，$x=6$ である。したがって，3つの偶数は，6, 8, 10である。このうち最も大きいものは，10である。

演習問題

[1] 家から駅までの道のりは30kmである。この道のりを，初めは時速5km，途中から，時速4kmで歩いたら，所要時間は7時間であった。時速5kmで歩いた道のりとして正しいものはどれか。

  1　8km　　2　10km　　3　12km　　4　14km　　5　15km

[2] 横の長さが縦の長さの2倍である長方形の厚紙がある。この厚紙の四すみから，一辺の長さが4cmの正方形を切り取って，折り曲げ，ふたのない直方体の容器を作る。その容積が64cm³のとき，もとの厚紙の縦の長さとして正しいものはどれか。

  1　$6-2\sqrt{3}$　　2　$6-\sqrt{3}$　　3　$6+\sqrt{3}$　　4　$6+2\sqrt{3}$
  5　$6+3\sqrt{3}$

[3] 縦50m，横60mの長方形の土地がある。この土地に，図のような直角に交わる同じ幅の通路を作る。通路の面積を土地全体の面積の $\dfrac{1}{3}$ 以下にするには，通路の幅を何m以下にすればよいか。

  1　8m　　2　8.5m　　3　9m　　4　10m
  5　10.5m

[4] 下の図のような，曲線部分が半円で，1周の長さが240mのトラックを作る。中央の長方形ABCDの部分の面積を最大にするには，直線部分ADの長さを何mにすればよいか。次から選べ。

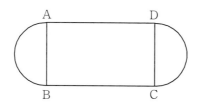

  1　56m　　2　58m　　3　60m　　4　62m　　5　64m

5 　AとBの２つのタンクがあり，Aには8m³，Bには5m³の水が入っている。Aには毎分1.2m³，Bには毎分0.5m³ずつの割合で同時に水を入れ始めると，Aの水の量がBの水の量の２倍以上になるのは何分後からか。正しいものはどれか。

　1　8分後　　　2　9分後　　　3　10分後　　　4　11分後　　　5　12分後

○○○解答・解説○○○

1 　2

解説　時速5kmで歩いた道のりを$x$kmとすると，時速4kmで歩いた道のりは，$(30-x)$kmであり，時間＝距離÷速さ　であるから，次の式が成り立つ。

$$\frac{x}{5}+\frac{30-x}{4}=7$$

　両辺に20をかけて，$4x+5(30-x)=7\times20$

整理して，$4x+150-5x=140$

　よって，$x=10$　である。

2 　4

解説　厚紙の縦の長さを$x$cmとすると，横の長さは$2x$cmである。また，このとき，容器の底面は，縦$(x-8)$cm，横$(2x-8)$cmの長方形で，容器の高さは4cmである。

厚紙の縦，横，及び，容器の縦，横の長さは正の数であるから，

　$x>0,\ x-8>0,\ 2x-8>0$

すなわち，$x>8$……①

容器の容積が64cm³であるから，

$4(x-8)(2x-8)=64$となり，

　$(x-8)(2x-8)=16$

これより，$(x-8)(x-4)=8$

$x^2-12x+32=8$となり，$x^2-12x+24=0$

よって，$x=6\pm\sqrt{6^2-24}=6\pm\sqrt{12}=6\pm2\sqrt{3}$

このうち①を満たすものは，$x=6+2\sqrt{3}$

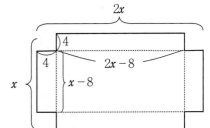

⊡3 4

解 説 通路の幅をxmとすると，$0 < x < 50 \cdots \cdots$①
また，$50x + 60x - x^2 \leqq 1000$
よって，$(x - 10)(x - 100) \geqq 0$
したがって，$x \leqq 10$，$100 \leqq x \cdots \cdots$②
①②より，$0 < x \leqq 10$　つまり，10m以下。

⊡4 3

解 説 直線部分ADの長さをxmとおくと，$0 < 2x < 240$より，
xのとる値の範囲は，$0 < x < 120$である。

半円の半径をrmとおくと，
$2\pi r = 240 - 2x$より，
$$r = \frac{120}{\pi} - \frac{x}{\pi} = \frac{1}{\pi}(120 - x)$$
長方形ABCDの面積をym²とすると，
$$y = 2r \cdot x = 2 \cdot \frac{1}{\pi}(120 - x)x$$
$$= -\frac{2}{\pi}(x^2 - 120x)$$
$$= -\frac{2}{\pi}(x - 60)^2 + \frac{7200}{\pi}$$

この関数のグラフは，図のようになる。yは$x = 60$のとき最大となる。

⊡5 3

解 説 x分後から2倍以上になるとすると，題意より次の不等式が成り
立つ。
$$8 + 1.2x \geqq 2(5 + 0.5x)$$
かっこをはずして，$8 + 1.2x \geqq 10 + x$
整理して，$0.2x \geqq 2$　よって，$x \geqq 10$
つまり10分後から2倍以上になる。

演習問題

[1] 1個のさいころを続けて3回投げるとき，目の和が偶数になるような場合は何通りあるか。正しいものを選べ。

  1 106通り   2 108通り   3 110通り   4 112通り
  5 115通り

[2] A，B，C，D，E，Fの6人が2人のグループを3つ作るとき，AとBが同じグループになる確率はどれか。正しいものを選べ。

  1 $\dfrac{1}{6}$ 2 $\dfrac{1}{5}$ 3 $\dfrac{1}{4}$ 4 $\dfrac{1}{3}$ 5 $\dfrac{1}{2}$

○○○解答・解説○○○

[1] 2

解説   和が偶数になるのは，3回とも偶数の場合と，偶数が1回で，残りの2回が奇数の場合である。さいころの目は，偶数と奇数はそれぞれ3個だから，

(1)   3回とも偶数：$3 \times 3 \times 3 = 27$〔通り〕
(2)   偶数が1回で，残りの2回が奇数
   ・偶数/奇数/奇数：$3 \times 3 \times 3 = 27$〔通り〕
   ・奇数/偶数/奇数：$3 \times 3 \times 3 = 27$〔通り〕
   ・奇数/奇数/偶数：$3 \times 3 \times 3 = 27$〔通り〕

したがって，合計すると，$27 + (27 \times 3) = 108$〔通り〕である。

[2] 2

解説   A，B，C，D，E，Fの6人が2人のグループを3つ作るときの，すべての作り方は$\dfrac{_6C_2 \times _4C_2}{3!} = 15$通り。このうち，AとBが同じグループになるグループの作り方は$\dfrac{_4C_2}{2!} = 3$通り。よって，求める確率は$\dfrac{3}{15} = \dfrac{1}{5}$である。

演習問題

1 次の図で，直方体 ABCD － EFGH の辺 AB，BC の中点をそれぞれ M，N とする。この直方体を3点 M，F，N を通る平面で切り，頂点 B を含むほうの立体をとりさる。AD ＝ DC ＝ 8cm，AE ＝ 6cm のとき，△MFN の面積として正しいものはどれか。

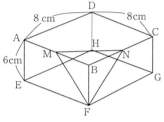

1 $3\sqrt{22}$〔cm²〕　　2 $4\sqrt{22}$〔cm²〕
3 $5\sqrt{22}$〔cm²〕　　4 $4\sqrt{26}$〔cm²〕
5 $4\sqrt{26}$〔cm²〕

2 右の図において，四角形 ABCD は円に内接しており，弧 BC ＝弧 CD である。AB，AD の延長と点 C におけるこの円の接線との交点をそれぞれ P，Q とする。AC ＝ 4cm，CD ＝ 2cm，DA ＝ 3cm とするとき，△BPC と△APQ の面積比として正しいものはどれか。

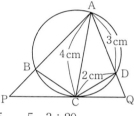

1 1：5　　2 1：6　　3 1：7　　4 2：15　　5 3：20

3 1辺の長さが15のひし形がある。その対角線の長さの差は6である。このひし形の面積として正しいものは次のどれか。

1 208　　2 210　　3 212　　4 214　　5 216

4 右の図において，円 C_1 の半径は2，円 C_2 の半径は5，2円の中心間の距離は $O_1O_2 ＝ 9$ である。2円の共通外接線 l と2円 C_1，C_2 との接点をそれぞれ A，B とするとき，線分 AB の長さとして正しいものは次のどれか。

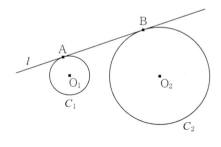

1 $3\sqrt{7}$　　2 8　　3 $6\sqrt{2}$　　4 $5\sqrt{3}$　　5 $4\sqrt{5}$

5 下の図において，点Eは，平行四辺形ABCDの辺BC上の点で，AB＝AEである。また，点Fは，線分AE上の点で，∠AFD＝90°である。∠ABE＝70°のとき，∠CDFの大きさとして正しいものはどれか。

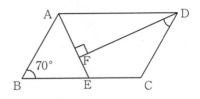

1　48°　　2　49°　　3　50°　　4　51°　　5　52°

6 底面の円の半径が4で，母線の長さが12の直円すいがある。この円すいに内接する球の半径として正しいものは次のどれか。

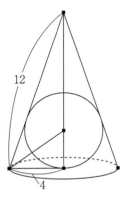

1　$2\sqrt{2}$

2　3

3　$2\sqrt{3}$

4　$\dfrac{8}{3}\sqrt{2}$

5　$\dfrac{8}{3}\sqrt{3}$

○○○解答・解説○○○

1 2

解説　△MFNはMF＝NFの二等辺三角形。MB＝$\dfrac{8}{2}$＝4，BF＝6より，

MF^2＝4^2+6^2＝52

また，MN＝$4\sqrt{2}$

FからMNに垂線FTを引くと，△MFTで三平方の定理より，

FT^2＝MF^2－MT^2＝$52-\left(\dfrac{4\sqrt{2}}{2}\right)^2$＝$52-8$＝44

よって，FT＝$\sqrt{44}$＝$2\sqrt{11}$

したがって，△MFN＝$\dfrac{1}{2}\cdot 4\sqrt{2}\cdot 2\sqrt{11}$＝$4\sqrt{22}$〔cm^2〕

2 3

解説 ∠PBC＝∠CDA, ∠PCB＝∠BAC＝∠CADから,

△BPC∽△DCA

相似比は2：3, 面積比は, 4：9

また, △CQD∽△AQCで, 相似比は1：2, 面積比は1：4

したがって, △DCA：△AQC＝3：4

よって, △BPC：△DCA：△AQC＝4：9：12

さらに, △BPC∽△CPAで, 相似比1：2, 面積比1：4

よって, △BPC：△APQ＝4：(16＋12)＝4：28＝1：7

3 5

解説 対角線のうちの短い方の長さの半分の長さをxとすると, 長い方の対角線の長さの半分は, $(x+3)$と表せるから, 三平方の定理より次の式がなりたつ。

$x^2+(x+3)^2=15^2$

整理して, $2x^2+6x-216=0$　よって, $x^2+3x-108=0$

$(x-9)(x+12)=0$より, $x=9,-12$　xは正だから, $x=9$である。

したがって, 求める面積は, $4\times\dfrac{9\times(9+3)}{2}=216$

4 5

解説　円の接線と半径より
$O_1A\perp l$, $O_2B\perp l$であるから,
点O_1から線分O_2Bに垂線O_1Hを
下ろすと, 四角形AO_1HBは長方
形で,

HB＝O_1A＝2だから,
O_2H＝3
△O_1O_2Hで三平方の定理より,
$O_1H=\sqrt{9^2-3^2}=6\sqrt{2}$
よって, AB＝O_1H＝$6\sqrt{2}$

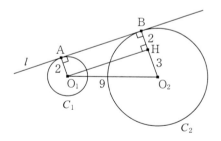

5 3

解説 $\angle AEB = \angle ABE = 70°$ より，$\angle AEC = 180 - 70 = 110°$
また，$\angle ABE + \angle ECD = 180°$ より，$\angle ECD = 110°$
四角形FECDにおいて，四角形の内角の和は$360°$だから，

$\angle CDF = 360° - (90° + 110° + 110°) = 50°$

6 1

解説 円すいの頂点をA，球の中心を
O，底面の円の中心をHとする。3点A，O，
Hを含む平面でこの立体を切断すると，
断面は図のような二等辺三角形とその内
接円であり，求めるものは内接円の半径
OHである。

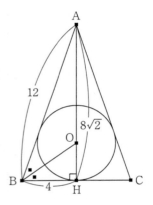

△ABHで三平方の定理より，

$AH = \sqrt{12^2 - 4^2} = 8\sqrt{2}$

Oは三角形ABCの内心だから，BO
は$\angle ABH$の2等分線である。

よって，$AO : OH = BA : BH = 3 : 1$

$OH = \dfrac{1}{4}AH = 2\sqrt{2}$

演習問題

1 O市，P市，Q市の人口密度（1km² あたりの人口）を下表に示してある，O市とQ市の面積は等しく，Q市の面積はP市の2倍である。

市	人口密度
O	390
P	270
Q	465

このとき，次の推論ア，イの正誤として，正しいものはどれか。

ア　P市とQ市を合わせた地域の人口密度は300である
イ　P市の人口はQ市の人口より多い

1　アもイも正しい
2　アは正しいが，イは誤り
3　アは誤りだが，イは正しい
4　アもイも誤り
5　アもイもどちらとも決まらない

2 2から10までの数を1つずつ書いた9枚のカードがある。A，B，Cの3人がこの中から任意の3枚ずつを取ったところ，Aの取ったカードに書かれていた数の合計は15で，その中には，5が入っていた。Bの取ったカードに書かれていた数の合計は16で，その中には，8が入っていた。Cの取ったカードに書かれていた数の中に入っていた数の1つは，次のうちのどれか。

1　2　　2　3　　3　4　　4　6　　5　7

3 体重の異なる8人が，シーソーを使用して，一番重い人と2番目に重い人を選び出したい。シーソーでの重さ比べを，少なくとも何回行わなければならないか。ただし，シーソーには両側に1人ずつしか乗らないものとする。

1　6回　　2　7回　　3　8回　　4　9回　　5　10回

4 A～Fの6人がゲーム大会をして，優勝者が決定された。このゲーム大会の前に6人は，それぞれ次のように予想を述べていた。予想が当たったのは2人のみで，あとの4人ははずれであった。予想が当たった2人の組み合わせとして正しいものはどれか。

 A 「優勝者は，私かCのいずれかだろう。」
 B 「優勝者は，Aだろう。」
 C 「Eの予想は当たるだろう。」
 D 「優勝者は，Fだろう。」
 E 「優勝者は，私かFのいずれかだろう。」
 F 「Aの予想ははずれるだろう。」
  1 A，B   2 A，C   3 B，D   4 C，D   5 D，E

5 ある会合に参加した人30人について調査したところ，傘を持っている人，かばんを持っている人，筆記用具を持っている人の数はすべて1人以上29人以下であり，次の事実がわかった。
 ⅰ）傘を持っていない人で，かばんを持っていない人はいない。
 ⅱ）筆記用具を持っていない人で，かばんを持っている人はいない。
このとき，確実に言えるのは次のどれか。
 1 かばんを持っていない人で，筆記用具を持っている人はいない。
 2 傘を持っている人で，かばんを持っている人はいない。
 3 筆記用具を持っている人で，傘を持っている人はいない。
 4 傘を持っていない人で，筆記用具を持っていない人はいない。
 5 かばんを持っている人で，傘を持っている人はいない。

6 次A，B，C，D，Eの5人が，順に赤，緑，白，黒，青の5つのカードを持っている。また赤，緑，白，黒，青の5つのボールがあり，各人がいずれか1つのボールを持っている。各自のカードの色とボールの色は必ずしも一致していない。持っているカードの色とボールの色の組み合わせについてア，イのことがわかっているとき，Aの持っているボールの色は何色か。ただし，以下でXとY2人の色の組み合わせが同じであるとは，「Xのカード，ボールの色が，それぞれYのボール，カードの色と一致」していることを意味する。
 ア CとEがカードを交換すると，CとDの色の組み合わせだけが同じになる。
 イ BとDがボールを交換すると，BとEの色の組み合わせだけが同じ

になる。

1 青　　2 緑　　3 黒　　4 赤　　5 白

○○○解答・解説○○○

1 3

解説　「O市とQ市の面積は等しく，Q市の面積はP市の2倍」ということから，仮にO市とQ市の面積を1km²，P市の面積を2km²と考える。

ア…P市の人口は270×2＝540人，Q市の人口は465×1＝465人で，2つの市を合わせた地域の面積は3km2なので，人口密度は，(540＋465)÷3＝335人になる。

イ…P市の人口は540人，Q市は465人なので，P市の方が多いので正しいといえる。

よって推論アは誤りだが，推論イは正しい。

よって正解は3である。

2 3

解説　まず，Bが取った残りの2枚のカードに書かれていた数の合計は，16－8＝8である。したがって2枚のカードはどちらも6以下である。ところが「5」はAが取ったカードにあるから除くと，「2」，「3」，「4」，「6」の4枚となるが，この中で2数の和が8になるのは，「2」と「6」しかない。

　次にAが取った残りの2枚のカードに書かれていた数の合計は，15－5＝10である。したがって2枚のカードはどちらも8以下である。この中で，すでにA自身やBが取ったカードを除くと「3」，「4」，「7」の3枚となるが，この中で2数の和が10になるのは，「3」と「7」のみである。

　以上のことから，Cの取った3枚のカードは，AとBが取った残りの「4」「9」「10」である。

3 4

解説　全員の体重が異なるのだから，1人ずつ比較するしかない。したがって一番重い人を見つけるには，8チームによるトーナメント試合数，すなわち8－1＝7（回）でよい。図

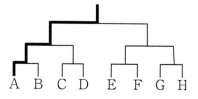

は8人をA〜Hとしてその方法を表したもので，Aが最も重かった場合である。次に2番目に重い人の選び出し方であるが，2番目に重い人の候補になるのは，図でAと比較してAより軽いと判断された3人である。すなわち最初に比較したBと，2回目に比較したC，Dのうちの重い方と，最後にAと比較したE〜Hの中で一番重い人の3人である。そしてこの3人の中で一番重い人を見つける方法は2回でよい。結局，少なくとも7＋2＝9（回）の重さ比べが必要であるといえる。

4　1

解説　下の表は，縦の欄に優勝したと仮定した人。横の欄に各人の予想が当たったか（○）はずれたか（×）を表したものである。

	A	B	C	D	E	F
A	○	○	×	×	×	×
B	×	×	×	×	×	○
C	○	×	×	×	×	×
D	×	×	×	×	×	○
E	×	×	○	×	○	○
F	×	×	○	○	○	○

「予想が当たったのは，2人のみ」という条件を満たすのは，Aが優勝したと仮定したときのAとBのみである。よって，1が正しい。

5　3

解説　ⅰ）ⅱ）より集合の包含関係は図のようになっている。

図より，傘を持っていない人の集合と，筆記用具を持っていない人の集

合の共通部分は空集合であり，選択肢1，2，3，5については必ずしも空集合とは限らない。

したがって，確実に言えるのは「傘を持っていない人で，筆記用具を持っていない人はいない」のみである。

6 5

解説 最初の状態は，

	A	B	C	D	E
カード	赤	緑	白	黒	青

まずアより，EとCがカードを交換した場合，CとDの色の組み合わせだけが同じになることから，ボールの色が次のように決まる。

	A	B	C	D	E
カード	赤	緑	青	黒	白
ボール			黒	青	

つまり，Cのボールが黒，Dのボールが青と決まる。
カード交換前のカードの色で表すと，

	A	B	C	D	E
カード	赤	緑	白	黒	青
ボール			黒	青	

さらにイより，BとDがボールを交換すると，BとEの色の組み合わせだけが同じになることから，Eのボールの色が緑ときまる。つまり，

	A	B	C	D	E
カード	赤	緑	白	黒	青
ボール			黒	青	緑

ここで，Bのボールの色が白だとすると，Dとボールを交換したときに，CとDが黒と白で同じ色の組み合わせになってしまう。したがって，Aのボールの色が白，Bのボールの色が赤といえる。

つまり，次のように決まる。

	A	B	C	D	E
カード	赤	緑	白	黒	青
ボール	白	赤	黒	青	緑

演習問題

1 次の表は消防白書（総務省）より平成26年の出火原因別火災の発生状況とその損害額（千円）をまとめたものである。これについて正しいものはどれか。

出火原因	出火件数	損害額（千円）
放火	4884	3442896
こんろ	3484	3736938
たばこ	4088	4534257
放火の疑い	3154	2428493
たき火	2913	944074
火遊び	978	448466
火入れ	1665	257438
ストーブ	1426	5003139
電灯・電話の配線等	1298	5435929
配線器具	1193	2928339

（総務省消防庁『平成27年版　消防白書』より作成）

1 「火遊び」による損害額は最も低く，1件あたりの損害額も最も低くなっている。
2 「放火」による出火件数は最も多く，1件あたりの損害額は150万円を超える。
3 例年最も多い出火原因として挙げられるのは「放火」によるものである。
4 損害額が最も高い項目は，1件あたりの損害額も最も高くなっている。
5 損害額が3番目に高い項目は，1件あたりの損害額も同順位となっている。

2 次の表は2014年における各国の失業者数・失業率を示したものである。この表から正しくいえるものはどれか。

	失業者数（千人）	失業率（％）
日本	2359	3.6
フランス	3001	10.2
アメリカ	9616	6.2
韓国	937	3.5
ドイツ	2090	5.0
オーストラリア	745	6.1

（ILO "KILM 8th edition" より作成）

1 失業者数が最も多い国は，最も少ない国のおよそ15倍の人数である。
2 失業率が最も高い国は，失業者数も最も多くなっている。
3 日本の失業者数は，韓国の失業者数のおよそ2.5倍である。
4 失業率が最も低い国は，失業者数も最も少なくなっている。
5 ドイツはいずれの項目においても3番目に高い数値となっている。

3 次の表は各国の漁獲量（千t）を表している。この表から正しくいえるものはどれか。

	1960年	1980年	2000年	2014年
中国	2,215	3,147	14,982	17,514
インドネシア	681	1,653	4,159	6,508
アメリカ合衆国	2,715	3,703	4,760	4,984
インド	1,117	2,080	3,726	4,719
ロシア	3,066	9,502	4,027	4,233
ミャンマー	360	577	1,093	4,083

（帝国書院『地理データファイル2017年度版』より作成）

1 いずれの国においても，漁獲量は年々増加しており，2014年が最も大きい値となっている。
2 2014年におけるミャンマーの漁獲量は，1960年の漁獲量の12倍以上である。
3 2000年において漁獲量が最も少ない国は，2014年においても最も少ない漁獲量の数値を示している。
4 1980年における中国の漁獲量は，1960年の漁獲量の2倍以上である。
5 インドネシアにおける漁獲量は，いずれの年においてもアメリカの漁獲量を下回っている。

4 次の図は，わが国の製造業の事業所数，従業者数，出荷額について，平成7年の数値を100として表したものである（以下製造業を略す）。この図からいえることとして正しいものはどれか。

（経済産業省「工業統計調査」より作成）

1 平成15年の従業者数は平成12年の0.9倍以上である。
2 平成15年の1事業所当たりの出荷額は平成10年と比較して減少している。
3 平成10年の事業所数は平成15年の事業所数の1.2倍未満である。
4 平成12年の1事業所当たりの従業者数は平成10年と比較して増加している。
5 平成17年の1事業所当たりの出荷額は平成7年の1.4倍以上である。

5 次の表は，日本におけるサービス業，卸売・小売業，製造業の就業者数の推移を示したものである。この表から読み取れる内容についての記述として，妥当なものはどれか。

	就業者数（万人）			
	総数	サービス業	卸売・小売業	製造業
1970年	5,443	906	873	1,453
1980年	5,866	1,279	1,040	1,356
1990年	6,427	1,716	1,104	1,488
2000年	6,526	2,154	1,141	1,249
2010年	6,448	2,283	1,172	1,018

（「国民所得計算」「日本の100年」より作成）

1　1970年から1990年にかけてのデータを比較すると，各業種ともに新しいデータほど就業者の人数が多くなっている。
2　業種ごとに就業者の増減を比較すると，時期が下るほど就業者が増加し続けている業種はない。
3　最も変動が激しい業種について，最少と最多の時期を比較すると，2.5倍を超える開きがある。
4　就業者の数について，最少と最多の時期の開きが最も小さい業種は，製造業である。
5　就業者の総数は，実質国内総生産の推移によって変動している。

6　次の表は，わが国の自然公園の地域別面積を示したものである。自然公園は国立公園，国定公園及び都道府県立自然公園の3種類がある。またそれぞれ特別地域が定められている。この表からいえることとして正しいものはどれか。

わが国の自然公園の地域別面積

種別	公園数	公園面積(ha)	国土面積に対する比率(％)	内訳			
				特別地域		普通地域	
				面積(ha)	比率(％)	面積(ha)	比率(％)
国立公園	29	2,087,504	5.523	1,504,690	72.1	582,814	27.9
国定公園	56	1,362,065	3.604	1,267,743	93.1	94,322	6.9
都道府県立自然公園	313	1,970,780	5.214	716,531	36.4	1,254,248	63.6
自然公園合計	398	5,420,349	14.341	3,488,964	64.4	1,931,384	35.6

（環境省「自然公園面積総括表」より作成）

1　国立公園の普通地域の面積の，自然公園合計の普通地域の面積に対する割合は28％未満である。
2　国立公園の1公園当たりの面積は，国定公園の1公園当たりの面積の4倍以上である。
3　都道府県立自然公園の特別地域の面積の，国土面積に対する割合は2.6％未満である。
4　国定公園の面積は，都道府県立自然公園の面積の0.6倍未満である。
5　国立公園の1公園当たりの面積は，69,000ha未満である。

7 次の表は，日本における織物の生産の推移を示している。この表から読み取れる内容として妥当なものはどれか。

（単位　百万m²）

	1980年	1990年	2000年	2010年
天然繊維織物‥‥‥‥‥‥	2675	2199	799	161
綿織物‥‥‥‥‥‥	2202	1765	664	124
毛織物‥‥‥‥‥‥	294	335	98	32
絹・絹紡織物‥‥‥‥	152	84	33	4
化学繊維織物‥‥‥‥‥	4040	3376	1846	822
再生・半合成繊維織物	882	708	273	92
合成繊維織物‥‥‥‥	3159	2668	1573	730
計×‥‥‥‥‥‥‥‥	6737	5587	2645	983

×その他とも。

（経済産業省「生産動態統計」『日本国勢図会 2018/19』より作成）

1　化学繊維織物の生産が最も減少している時期は，オイルショックの時期と重なっている。

2　天然繊維織物について，最も古いデータと最も新しいのデータを比較すると，約30分の1に減少している。

3　日本における織物の生産は，全体として減少傾向にあるものの，品目によっては一時的に増加している。

4　織物の生産の合計の推移をみると，2000年から2010年にかけての減少幅が最も大きい。

5　天然繊維織物の減少の要因としては，化学繊維織物の品質の向上によるものが大きい。

8 次の図は，日本の2016年における従業者4人以上の従業者数別事業所数の割合と，それぞれの事業所が占める製造品出荷額等の割合を示したグラフである。ここから読み取れる内容として，最も妥当なものはどれか。

日本の従業者数別事業所数と製造品出荷額等

（二宮書店『2020 データブック・オブ・ワールド』より作成）

1　300人以上の事業所による製造品出荷額等の金額は，全体の半分に満たない。

2　従業者4～9人の事業所による製造品出荷額等の金額は，6兆円に満たない。

3　事業所数について比較すると，その割合が最も多いのは事業者数が4～9人の事業所であり，その数は，7万を超えている。

4　事業所数について，20人以上の事業所は，全体の3分の1に満たない。

5　事業所数について，その増加率を比較すると，300人以上の事業所の増加率が最も高く，10％を超えている。

⑨　次の図は，縦軸が第3次産業人口率，横軸が1人当たり国民総所得（GNI）を表し，各国のそれぞれの値をもとにグラフ上に点で示したものである。この図から読み取れる内容として，最も妥当なものはどれか。

（二宮書店『2020データブック・オブ・ワールド』より作成）

1　第3次産業人口率の差は，イギリス，スウェーデンの間で最大となっている。

2　第3次産業人口率が60％以上，1人当たり国民総所得が20000ドル以下という条件を両方満たすのは，4カ国である。

3　1人当たり国民総所得について比較すると，日本の順位は，フランスに次ぐ7位である。

4　第2次産業人口率が高いほど，第3次産業人口率が高く，1人当たり

国民総所得が低い。

5　1人当たり国民総所得の差は，アメリカと南アフリカの間で最大となっている。

○○○解答・解説○○○

1　4

解説　1　損害額が最も低く，1件あたりの損害額も最も低いのは「火入れ」である。　2　「放火」による出火件数は最も多いが，1件あたりの損害額はおよそ100万円である。　3　平成26年における出火原因として最も多いのは「放火」であるものの，その他の年については表からは読み取れない。　4　正しい。損害額が最も高く，1件あたりの損害額も最も高い項目はいずれも「電灯・電話の配線等」である。　5　損害額が3番目に高い項目は「たばこ」であるが，1件あたりの損害額が3番目に高い項目は「配線器具」である。

2　3

解説　1　失業者数が最も多い国はアメリカ（9616人）であり，最も少ない国であるオーストラリアのおよそ13倍である。　2　失業率が最も高い国はフランスであり，失業者数が最も多い国はアメリカである。　3　正しい。日本の失業者数は2359人であり，韓国の失業者数である937人のおよそ2.5倍である。　4　表から読み取れるように，失業率が最も低い国は韓国の3.5％であり，失業者数が最も少ない国はオーストラリアでその人数は745人である。　5　ドイツはいずれの項目においても4番目に高い数値となっている。

3　3

解説　1.　誤り。ロシアに関しては，1980年から2000年にかけて漁獲量が減少していることが表から読み取れる。　2.　誤り。2014年におけるミャンマーの漁獲量は，1960年の漁獲量の11倍程度である。　3.　正しい。いずれの年においてもミャンマーが最も少ない値を示している。　4.　誤り。1980年における中国の漁獲量は，1960年の漁獲量の1.4倍程度である。　5.　誤り。2014年においてはインドネシアの漁獲量がアメリカ合衆国の漁獲量を上回っている。

4 4

解説 1.平成15年の0.9倍であれば数値が81以上になるはずであるが,実際には79.6だから0.9倍未満である。 2.1事業所当たりの出荷額は[出荷額]÷[事業所数]で求められる。平成15年において出荷額の数値(89.3)を事業所数の数値(77.1)で割ると1.1を超えるが,平成10年は1.1未満。つまり平成15年の1事業所当たりの出荷額は平成10年と比較して増加している。 3.平成15年の事業所数の数値を80としても,80 × 1.2 < 98.3(平成10年の数値)。よって,1.2倍以上である。 4.1事業所当たりの従業者数は[従業者数]÷[事業所数]で求められる。平成10年と平成12年では事業所数のグラフと従業者数のグラフの上下が逆になっており,平成12年において,事業所数のグラフは従業者数のグラフより下にある。したがって,平成12年の1事業所当たりの従業者数が平成10年と比較して増加しているのは明らか。 5.平成7年において出荷額の数値(100)を事業所数の数値(100)で割ると1。一方,平成17年では1.4未満である。つまり,平成17年の1事業所当たりの出荷額は平成7年の1.4倍未満である。

5 3

解説 1.誤り。1970年と1980年を比較すると,製造業の就業者が減少している。 2.誤り。サービス業と卸売・小売業については,時期が下るほど就業者が増加している。 3.正しい。最も変動が激しいサービス業について,最少の1970年と最多の2010年を比較すると,2283/906 ≒ 2.52倍の開きがある。 4.誤り。最少と最多の時期の開きは,サービス業が2283 − 906 = 1377〔万人〕,卸売・小売業が1172 − 873 = 299〔万人〕,製造業が1488 − 1018 = 470〔万人〕である。 5.誤り。実質国内総生産が示されていないので,判断できない。

6 3

解説 1.自然公園合計の普通地域の面積を2,000,000haとしても29%以上である。 2.国立公園の公園数は国定公園の$\frac{1}{2}$倍より多く,国立公園の面積は国定公園の面積の2倍未満だから,国立公園の1公園当たりの面積は,国定公園の1公園当たりの面積の4倍未満である。 3.都道府県立自然公園の面積の,国土面積に対する割合は5.214%だから,都道

府県立自然公園の特別地域の面積の，都道府県立自然公園全体の面積に対する割合（36.4％）を40％としても $5.214 \times 0.4 < 2.6$。つまり，都道府県立自然公園の特別地域の面積の，国土面積に対する割合は2.6％未満である。　4．都道府県立自然公園の面積を2,000,000haとしても国定公園の面積は都道府県立自然公園の面積の0.6倍以上であり，実際の都道府県立自然公園の面積は2,000,000ha未満である。よって，国定公園の面積は，都道府県立自然公園の面積の0.6倍以上である。　5．国立公園の公園数を30としても国立公園の1公園当たりの面積は，69,000ha以上であり，実際の国立公園の公園数は30未満である。よって，国立公園の1公園当たりの面積は，69,000ha以上である。

7 3

解説　1．誤り。オイルショックとの関連は，表中から読み取れない。なお，第1次オイルショックは1973年，第2次オイルショックは1979年のことである。　2．誤り。天然繊維織物について1980年と2010年のデータを比較すると，約16分の1に減少している。　3．正しい。毛織物について1980年と1990年を比較すると，一時的に増加していることがわかる。4．誤り。減少幅についてみると，2000年から2010年が1662百万 m^2 であるのに対して，1990年から2000年は2942百万 m^2 である。　5．誤り。化学繊維の品質については，表中から読み取れない。

8 3

解説　1．誤り。300人以上の事業所による製造品出荷額等の金額は，全体の52.2％であるから，半分を超えている。　2．誤り。出荷額は，全体の出荷額に割合をかけることによって求められるので，302.0356〔兆円〕 $\times 0.02 \fallingdotseq 6.041$ 〔兆円〕である。　3．正しい。まず，グラフより，従業者数別事業所数について最も多いのは4～9人の事業所であり，その割合は37.6％である。また，その数は，全体の事業所数に割合をかけることによって求められるので，$191,000 \times 0.376 = 71,816$ である。　4．誤り。事業所数について，20人以上の事業所は，20～29人が13.3％，30～99人が16.1％，100～299人が5.4％，300人以上が1.8％であるから，合計すると，$13.3 + 16.1 + 5.4 + 1.8 = 36.6$ 〔％〕となり，全体の3分の1を超えている。5．誤り。増加率を求めるためには時系列のデータが必要であるが，ここでは1年分のデータが与えられているだけなので，判断できない。

解説 1. 誤り。第3次産業人口率の差については，各国の縦軸の値の差を読み取ることによって求められ，イギリス，スウェーデンの差はわずかである。 2. 誤り。第3次産業人口率が60％以上，1人当たり国民総所得が20000ドル以下という条件を両方満たすのは，南アフリカ，ロシア，メキシコの3カ国である。 3. 誤り。1人当たり国民総所得の順位は9位である。日本より1人当たり国民総所得が大きい国として，アメリカ，スウェーデン，オーストラリア，オランダ，カナダ，ドイツ，イギリス，フランスが挙げられる。 4. 誤り。第2次産業人口率についてのデータは示されておらず，判断できない。 5. 正しい。1人当たり国民総所得の差については，各国の横軸の値の差を読み取ることによって求められ，最大がアメリカ，最少が南アフリカである。

●情報提供のお願い●

　就職活動研究会では，就職活動に関する情報を募集しています。

　エントリーシートやグループディスカッション，面接，筆記試験の内容等について情報をお寄せください。ご応募はメールアドレス（edit@kyodo-s.jp）へお願いいたします。お送りくださいました方々には薄謝をさしあげます。

　ご協力よろしくお願いいたします。

会社別就活ハンドブックシリーズ

mixi の
就活ハンドブック

編　者	就職活動研究会
発　行	令和6年2月25日
発行者	小貫輝雄
発行所	協同出版株式会社

〒 101－0054
東京都千代田区神田錦町2－5
電話　03－3295－1341
振替　東京00190－4－94061

印刷所　協同出版・POD工場

落丁・乱丁はお取り替えいたします

●2025年度版●
会社別就活ハンドブックシリーズ

【全111点】

運　輸

東日本旅客鉄道の就活ハンドブック	小田急電鉄の就活ハンドブック
東海旅客鉄道の就活ハンドブック	阪急阪神 HD の就活ハンドブック
西日本旅客鉄道の就活ハンドブック	商船三井の就活ハンドブック
東京地下鉄の就活ハンドブック	日本郵船の就活ハンドブック

機　械

三菱重工業の就活ハンドブック	浜松ホトニクスの就活ハンドブック
川崎重工業の就活ハンドブック	村田製作所の就活ハンドブック
IHI の就活ハンドブック	クボタの就活ハンドブック
島津製作所の就活ハンドブック	

金　融

三菱 UFJ 銀行の就活ハンドブック	野村證券の就活ハンドブック
三菱 UFJ 信託銀行の就活ハンドブック	りそなグループの就活ハンドブック
みずほ FG の就活ハンドブック	ふくおか FG の就活ハンドブック
三井住友銀行の就活ハンドブック	日本政策投資銀行の就活ハンドブック
三井住友信託銀行の就活ハンドブック	

建設・不動産

三菱地所の就活ハンドブック	鹿島建設の就活ハンドブック
三井不動産の就活ハンドブック	大成建設の就活ハンドブック
積水ハウスの就活ハンドブック	清水建設の就活ハンドブック
大和ハウス工業の就活ハンドブック	

資源・素材

旭旭化成グループの就活ハンドブック	関西電力の就活ハンドブック
東レの就活ハンドブック	日本製鉄の就活ハンドブック
ワコールの就活ハンドブック	中部電力の就活ハンドブック

九州電力の就活ハンドブック

自動車

トヨタ自動車の就活ハンドブック

デンソーの就活ハンドブック

本田技研工業の就活ハンドブック

日産自動車の就活ハンドブック

商　社

三菱商事の就活ハンドブック

伊藤忠商事の就活ハンドブック

住友商事の就活ハンドブック

双日の就活ハンドブック

丸紅の就活ハンドブック

豊田通商の就活ハンドブック

三井物産の就活ハンドブック

情報通信・IT

NTT データの就活ハンドブック

サイバーエージェントの就活ハンドブック

NTT ドコモの就活ハンドブック

LINE ヤフーの就活ハンドブック

野村総合研究所の就活ハンドブック

SCSK の就活ハンドブック

日本電信電話の就活ハンドブック

富士ソフトの就活ハンドブック

KDDI の就活ハンドブック

日本オラクルの就活ハンドブック

ソフトバンクの就活ハンドブック

GMO インターネットグループ

楽天の就活ハンドブック

オービックの就活ハンドブック

mixi の就活ハンドブック

DTS の就活ハンドブック

グリーの就活ハンドブック

TIS の就活ハンドブック

食品・飲料

サントリー HD の就活ハンドブック

日本たばこ産業 の就活ハンドブック

味の素の就活ハンドブック

日清食品グループの就活ハンドブック

キリン HD の就活ハンドブック

山崎製パンの就活ハンドブック

アサヒグループ HD の就活ハンドブック

キユーピーの就活ハンドブック

生活用品

資生堂の就活ハンドブック

武田薬品工業の就活ハンドブック

花王の就活ハンドブック

電気機器

三菱電機の就活ハンドブック	パナソニックの就活ハンドブック
ダイキン工業の就活ハンドブック	富士通の就活ハンドブック
ソニーの就活ハンドブック	キヤノンの就活ハンドブック
日立製作所の就活ハンドブック	京セラの就活ハンドブック
ＮＥＣの就活ハンドブック	オムロンの就活ハンドブック
富士フイルム HD の就活ハンドブック	キーエンスの就活ハンドブック

保　険

東京海上日動火災保険の就活ハンドブック	三井住友海上火災保険の就活ハンドブック
第一生命ホールディングスの就活ハンドブック	損保ジャパンの就活ハンドブック

メディア

日本印刷の就活ハンドブック	エイベックスの就活ハンドブック
博報堂 DY の就活ハンドブック	東宝の就活ハンドブック
TOPPAN ホールディングスの就活ハンドブック	

流通・小売

ニトリ HD の就活ハンドブック	ZOZO の就活ハンドブック
イオンの就活ハンドブック	

エンタメ・レジャー

オリエンタルランドの就活ハンドブック	任天堂の就活ハンドブック
アシックスの就活ハンドブック	カプコンの就活ハンドブック
バンダイナムコ HD の就活ハンドブック	セガサミー HD の就活ハンドブック
コナミグループの就活ハンドブック	タカラトミーの就活ハンドブック
スクウェア・エニックス HD の就活ハンドブック	

▼会社別就活ハンドブックシリーズにつきましては，協同出版
のホームページからもご注文ができます。詳細は下記のサイ
トでご確認下さい。
https://kyodo-s.jp/examination_company